PREMIER LIVRE DE LECTURE

DES

ÉCOLES PRIMAIRES,

CONTENANT

UN ABRÉGÉ DE L'HISTOIRE SACRÉE, UN PRÉCIS
DE LA VIE DE J.-C. ; ET SUIVI DE LA CIVILITÉ,
DE MAXIMES, ET D'UN CHOIX D'ANECDOTES
PROPRES A FORMER L'ESPRIT ET LE CŒUR;

———

POITIERS,

CHEZ FRADET, LIBRAIRE, RUE DE LA MAIRIE, 10.

———

1841.

PREMIER LIVRE DE LECTURE

DES

ÉCOLES PRIMAIRES.

Poitiers. — Imp. de F.-A. SAURIN.

PREMIER LIVRE DE LECTURE

DES

ÉCOLES PRIMAIRES,

CONTENANT

UN ABRÉGÉ DE L'HISTOIRE SACRÉE, UN PRÉCIS DE
LA VIE DE J.-C. ; ET SUIVI DE LA CIVILITÉ, DE
MAXIMES, ET D'UN CHOIX D'ANECDOTES PROPRES
A FORMER L'ESPRIT ET LE COEUR.

POITIERS,

CHEZ FRADET, LIBRAIRE, RUE DE LA MAIRIE, 10.

1840.

Mon cher enfant, apprenez à bien lire ; travaillez avec courage pour devenir un bon chrétien, un bon citoyen, et pour savoir mettre ordre à vos affaires. Faites usage de votre raison, et concevez que Dieu vous a créé pour le connaître, l'aimer et le servir, et, par ce moyen, parvenir à la vie éternelle. Mais il faut auparavant passer par cette vie mortelle, où vous verrez qu'on a bien de la peine. Dieu a condamné tous les hommes au travail. Celui qui ne travaille point et ne veut point travailler, ne sert point Dieu et ne l'aime point ; une telle paresse est un péché mortel.

L'homme est né pour travailler, comme l'oiseau pour voler. Celui qui ne veut point travailler, n'est pas digne de vivre.

Qui est oisif dans sa jeunesse, travaillera dans sa vieillesse.

Vous ne savez, mon cher enfant, si votre vie sera longue ou courte : travaillez comme si vous deviez vivre long-temps ; vivez comme si vous deviez mourir bientôt. Vos bons et chers parents vous fournissent la nourriture, le vêtement et toutes choses, dans l'espérance que vous apprendrez ce qui vous est nécessaire pendant le cours de cette vie. Cette vie est pleine d'affaires et d'embarras qui vous causeront de la peine, si vous ne savez bien parler, bien lire et bien écrire. On estime une personne qui sait bien parler, bien lire et bien écrire : on dit qu'elle a reçu une bonne éducation.

Celui qui ne sait point ces choses est regardé comme un homme de néant. On se moque de celui qui parle mal. L'écriture est une belle chose, c'est quelque chose de divin :

C'est de Dieu que nous vient cet art ingénieux
De peindre la parole et de parler aux yeux ;
Et par les traits divers de figures tracées,
Donner de la couleur et du corps aux pensées.

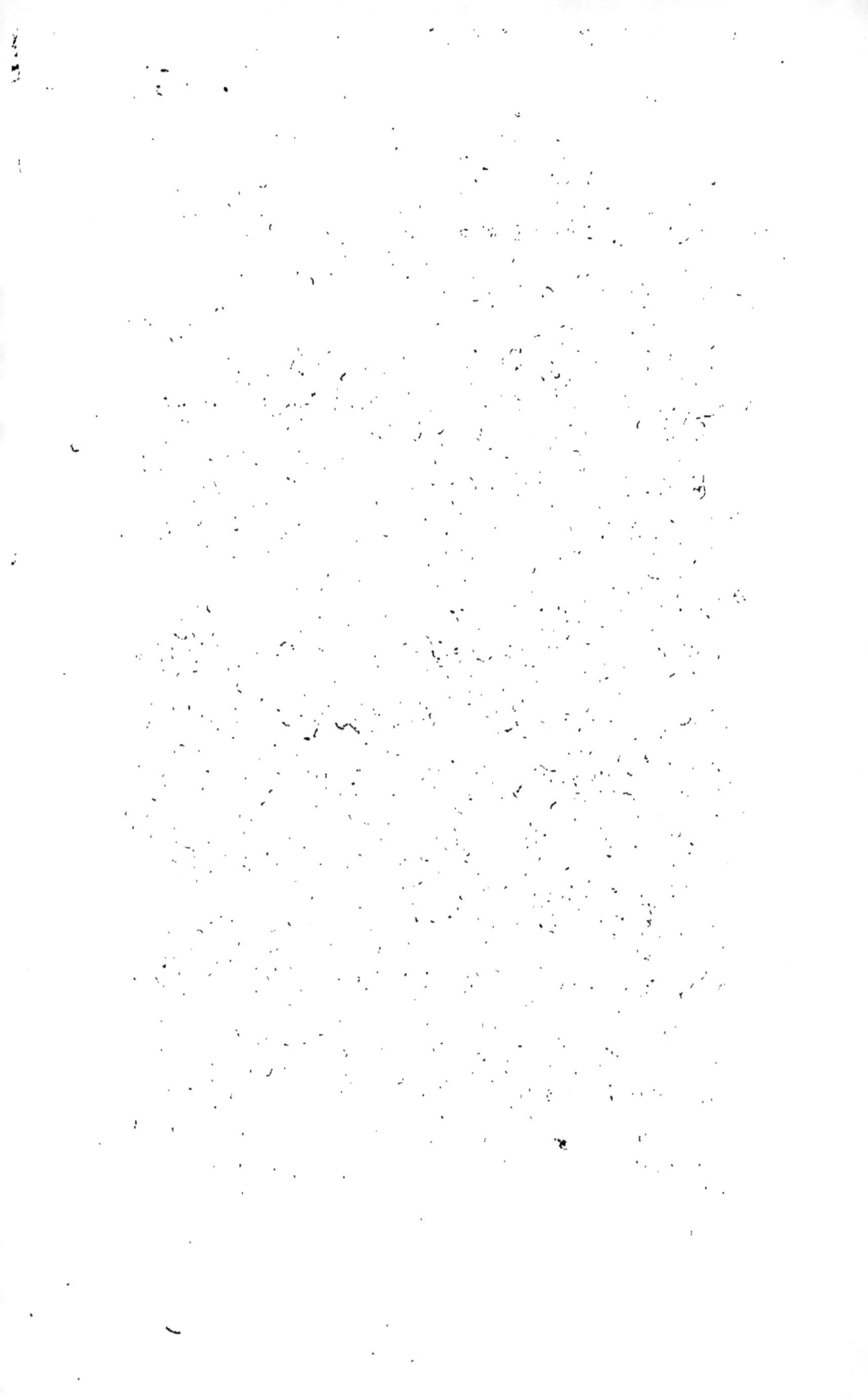

PREMIER LIVRE

DE LECTURE.

ABRÉGÉ DE L'HISTOIRE SAINTE.

1. Création du Monde.

Dieu créa le ciel et la terre en six jours.

Le premier jour, il fit la lumière ; le second jour, il fit le firmament qu'il nomma le ciel.

Le troisième jour, il rassembla les eaux en un même lieu, et tira de la terre les plantes et les arbres.

Le quatrième jour, il créa le soleil, la lune et les étoiles.

Le cinquième jour, il fit les oiseaux qui volent dans les airs, et les poissons qui nagent dans les eaux.

Le sixième jour, il fit les autres animaux, enfin l'homme, et il se reposa le septième.

2. Création d'Adam.

Dieu forma le corps de l'homme du limon de la terre ; il lui donna une âme vivante ; il le fit à son image, et le nomma Adam.

Il lui envoya un sommeil, et tira une de ses côtes pendant qu'il dormait.

De cette côte il forma la femme qu'il donna pour compagne à Adam, et institua ainsi le mariage.

La première femme fut nommée Eve.

3. Paradis terrestre.

Dieu mit Adam et Eve dans un jardin délicieux qu'on appelle ordinairement le Paradis terrestre.

Ce jardin, qu'arrosait un grand fleuve, renfermait tous les arbres agréables à la vue, et tous les fruits d'un goût suave.

Parmi ces arbres était celui de la science du bien et du mal.

Dieu dit à Adam : Servez-vous de tous les fruits des arbres du Paradis, excepté du fruit de l'arbre de la science du bien et du mal : car, si vous en mangez, vous mourrez.

4. Désobéissance d'Adam et d'Eve.

Le serpent, le plus rusé de tous les animaux, dit à la femme : Pourquoi ne mangez-vous pas du fruit de cet arbre ?

La femme lui répondit : Dieu nous l'a défendu, et si nous y touchons, nous mourrons.

Vous ne mourrez pas, dit le serpent, mais vous serez semblables à Dieu; car vous connaîtrez le bien et le mal.

Séduite par ces paroles, la femme cueillit du fruit, en mangea, et en offrit ensuite à son mari, qui en mangea pareillement.

5. Adam et Eve se cachent.

Adam, fuyant ensuite la présence de Dieu, se cacha. Dieu l'appela : Adam !

Adam ! Celui-ci répondit : J'ai craint votre présence, Seigneur, et je me suis caché.

Pourquoi craignez-vous, reprit le Seigneur, si ce n'est parce que vous avez mangé du fruit défendu ?

Adam répondit : La femme que vous m'avez donnée pour compagne m'a offert de ce fruit, pour que j'en mangeasse.

Dieu dit à la femme : Pourquoi avez-vous agi ainsi ?

Eve répondit : Le serpent m'a trompée.

6. Dieu maudit le serpent et promet un Sauveur.

Le Seigneur dit au serpent : Puisque tu as trompé la femme, tu seras détesté et maudit entre tous les animaux. Tu ramperas sur le ventre, et tu mangeras la terre.

Il y aura des inimitiés entre toi et la femme, elle t'écrasera un jour elle-même la tête.

Il dit ensuite à la femme : Je vous affligerai de beaucoup de máux; vous enfanterez dans la douleur, et vous serez sous la puissance de l'homme.

7. Adam chassé du Paradis terrestre.

Dieu dit ensuite à Adam : Puisque vous avez eu trop de complaisance pour votre femme, la terre vous sera rebelle et ne vous produira que des épines et des ronces.

Vous n'en tirerez votre nourriture qu'avec beaucoup de peine, jusqu'à ce que vous retourniez dans cette terre dont vous êtes sorti.

Dieu chassa ensuite Adam et Eve du Paradis terrestre, et pour leur en défendre l'entrée, il y plaça un ange tenant un glaive de feu.

8. Caïn et Abel.

Adam eut plusieurs enfants, au nombre desquels on compte Caïn et Abel; celui-ci était berger; le premier, laboureur.

Ils offrirent l'un et l'autre leurs présents au Seigneur : Caïn, les fruits de la terre; Abel, les plus belles de ses brebis.

Les dons d'Abel furent agréables à Dieu; il n'en fut pas de même de ceux de Caïn; ce qu'il vit avec peine.

Dieu lui dit : Caïn, pourquoi porter envie à votre frère? Si vous faites bien, vous en serez récompensé; mais si vous faites mal, vous subirez la peine de votre faute.

9. Mort d'Abel.

Caïn fut sourd aux avis de Dieu, et dissimulant sa colère, il dit à son frère : Abel, allons nous promener.

Ils sortirent donc ensemble, et lorsqu'ils furent dans la campagne, Caïn se jeta sur son frère et le tua.

Dieu dit à Caïn : Où est votre frère? Caïn répondit : Je l'ignore; en suis-je le gardien?

10. Punition de Caïn.

Dieu dit alors : Caïn, qu'avez-vous

fait? Le sang de votre frère, ce sang que votre main a versé, crie vers moi.

La terre qui a bu le sang d'Abel sera ingrate pour vous ; en vain vous la cultiverez par un travail long et pénible, elle ne produira point de fruits. Vous serez errant par toute la terre.

Caïn, désespérant d'obtenir son pardon, prit la fuite.

11. Construction de l'Arche.

A mesure que le nombre des hommes s'augmentait, leur perversité devenait plus grande. Dieu en fut irrité, et résolut de détruire le genre humain par un déluge.

Cependant il épargna Noé et ses enfants, parce qu'ils pratiquaient la vertu.

Noé, averti par le Seigneur, construisit une grande arche en forme de vaisseau : il l'enduisit de bitume, et y fit entrer un couple de tous les oiseaux et de tous les animaux.

12. Déluge.

Dès que Noé fut entré dans l'arche

avec sa femme, ses trois fils et ses brus, les eaux de la mer et de toutes les rivières se débordèrent. En même temps une grande pluie tomba pendant quarante jours et quarante nuits.

Les eaux couvrirent toute la terre, tellement qu'elles surpassaient de quinze coudées les montagnes les plus hautes. Tout fut détruit par le déluge; mais l'arche flottait sur la surface des eaux.

13. Fin du Déluge.

Dieu ayant envoyé un vent violent, les eaux diminuèrent peu à peu. Enfin, onze mois après le commencement du déluge, Noé ouvrit la fenêtre de l'arche, et lâcha le corbeau qui ne revint point.

Il fit ensuite partir la colombe; mais celle-ci, ne trouvant pas d'endroit pour se reposer, revint vers Noé qui étendit la main et la fit rentrer dans l'arche.

La colombe, lâchée une seconde fois, apporta dans son bec un rameau d'olivier vert, ce qui annonçait la fin du déluge.

14. Noé sort de l'arche.

Noé sortit de l'arche après y avoir été renfermé une année entière avec toute sa famille. Il en retira aussi les oiseaux et les autres animaux ; puis il éleva un autel, et offrit un sacrifice au Seigneur.

Dieu lui dit : Désormais je ne détruirai plus le genre humain. Mon arc apparaîtra dans les nues, et sera le signe de l'alliance que je fais avec vous. Lorsque j'aurai couvert le ciel de nuages, cet arc se montrera ; je me rappellerai mon alliance, et jamais un déluge ne dévastera l'univers.

15. Corruption du genre humain.

Toutes les nations descendirent des fils de Noé. Sem habita l'Asie, Cham l'Afrique, et Japhet l'Europe.

Le souvenir du déluge ne détourna pas les hommes de la corruption ; ils devinrent bientôt pires qu'auparavant.

Oubliant Dieu leur créateur, ils adoraient le soleil et la lune ; ils ne respectaient plus leurs parents, disaient le mensonge, commettaient la fraude, le larcin et l'homicide ; en un mot, ils se souillaient de tous les crimes.

16. Vocation d'Abraham.

Quelques hommes justes, cependant, persévérèrent dans la vraie religion et dans la vertu. De ce nombre était Abraham, descendant de Sem. Dieu fit alliance avec lui en ces termes : Sortez de la maison paternelle, abandonnez votre patrie, et allez dans le pays que je destine à vos descendants. Je vous accorderai une nombreuse postérité ; vous serez le père de beaucoup de nations, et par vous tous les peuples de la terre seront comblés de bienfaits. Élevez vos yeux vers le ciel ; comptez les étoiles, si vous le pouvez ; votre postérité les égalera en nombre.

17. Naissance d'Isaac.

Abraham était déjà vieux, et son

épouse, Sara, était stérile. Dieu leur annonça cependant qu'un fils naîtrait d'eux. Vous aurez, dit-il, un fils de Sara votre épouse.

Sara se mit à rire en entendant ces paroles, et n'ajouta pas foi à l'instant même aux promesses du Seigneur, qui l'en reprit aussitôt. Abraham, au contraire, crut en ce que Dieu lui disait. En effet, un an après il eut un fils qu'il nomma Isaac.

18. Sacrifice d'Abraham.

Isaac devint grand, et Dieu, voulant mettre à l'épreuve la fidélité d'Abraham, lui dit : Abraham, prenez votre fils unique, l'objet de votre affection, et immolez-le-moi sur la montagne que je vous indiquerai. Abraham obéit sans hésiter ; il mit le bois sur Isaac, et porta lui-même le feu et l'épée.

Pendant qu'ils marchaient ensemble, Isaac dit à son père : Mon père, voici le bois et le feu, mais où est la victime que vous allez immoler? Mon fils, répondit Abraham, Dieu y pourvoira.

19. Dieu arrête le bras d'Abraham.

Lorsqu'ils furent arrivés au lieu désigné, Abraham éleva un autel, disposa le bois, lia Isaac sur le bûcher, et tira ensuite son glaive. Mais un ange lui cria du ciel : Abraham, retenez votre main ; ne sacrifiez pas Isaac; vous m'avez donné une assez grande preuve de votre fidélité en n'épargnant point votre fils unique; je vous favoriserai ; je récompenserai splendidement votre obéissance. Abraham regardant derrière lui, vit un bélier dont les cornes étaient prises dans un buisson : il l'immola à la place de son fils.

20. Eliézer, serviteur d'Abraham, va chercher une épouse à Isaac.

Abraham envoya son serviteur Éliézer vers ses parents, qui habitaient en Mésopotamie, afin qu'il en amenât une épouse pour son fils Isaac.

Eliézer prit dix des chameaux de son maître, et partit emportant avec lui de magnifiques présents qu'il devait offrir à la jeune fiancée d'Isaac et à ses parents.

A son arrivée en Mésopotamie, il s'arrêta sur le soir avec ses chameaux auprès d'un puits, à l'heure où les femmes y venaient habituellement puiser de l'eau.

21. Eliézer choisit la femme d'Isaac.

Eliézer consulta le Seigneur en ces termes : Seigneur, Dieu d'Abraham, faites que la jeune fille qui, sur ma demande, me donnera à boire, soit celle que vous destinez à Isaac. Aussitôt Rébecca, vierge d'une beauté rare, s'avança portant un vase sur ses épaules, et descendit vers le puits pour le remplir. Eliézer alla au devant d'elle : Donnez-moi à boire, lui dit-il. Buvez, Seigneur, répondit Rébecca en baissant en même temps son vase. Lorsqu'il eut bu, elle lui offrit de l'eau pour ses chameaux.

Eliézer connut par là ce qu'il désirait savoir.

22. Eliézer interroge Rébecca sur sa famille.

Eliézer présenta des pendants d'oreilles d'or et des bracelets qu'il donna à Rébecca. Il lui demanda alors quels étaient ses parents, et s'il y avait dans la maison de son père un lieu pour le recevoir. Je suis fille de Bathuel, répondit Rébecca; mon aïeul est frère d'Abraham; il y a chez mon père un vaste logement pour vous, et de plus, beaucoup de foin et de paille pour vos chameaux. Eliézer, entendant ces paroles, rendit grâces à Dieu, qui lui avait accordé un aussi heureux voyage.

23. Eliézer est reçu chez Bathuel.

Rébecca courut à la maison, et raconta à sa mère ce qui venait de lui arriver. Laban, frère de Rébecca, ayant entendu le récit de sa sœur, alla trouver Éliézer, qui était resté auprès de la fontaine avec ses chameaux, et lui adressant la parole : Entrez, Seigneur, lui dit-il; pourquoi restez-vous dehors? Je vous ai préparé un logement, et une place pour vos chameaux. Il le conduisit ensuite chez lui, et lui fit servir à manger.

24. On accorde Rébecca.

Eliézer fit aussitôt connaître aux parents de Rébecca la cause de son voyage, et les pria de lui accorder sa demande. Ceux-ci répondirent : C'est la volonté de Dieu, nous ne pouvons lui résister. Voici Rébecca; qu'elle parte avec vous pour épouser Isaac. Alors Éliézer tira des vases d'or et d'argent, des vêtements précieux qu'il donna à Rébecca. Il fit aussi des présents à sa mère et à son frère, et l'on commença le festin.

25. Départ de Rébecca.

Le lendemain, Éliézer, s'étant levé de bon matin, dit aux parents de Rébecca : Mon maître m'attend; laissez-

mói partir et retourner vers lui. Ils
répondirent : Appelons notre fille, et
sachons son avis. Dès qu'elle fut arrivée,
ils lui demandèrent si elle voulait partir
avec Eliézer. J'y consens, répondit-
elle. Ses parents la laissèrent partir avec
sa nourrice, en lui souhaitant toutes
sortes de prospérités.

26. Mariage d'Isaac.

Isaac se promenait par hasard dans
la campagne lorsqu'il vit revenir ses
chameaux. En même temps Rébecca,
apercevant un homme qui se promenait, descendit de son chameau et dit
à Eliézer : Quel est cet homme? C'est
mon maître lui-même, répondit Éliézer.
Rébecca se couvrit aussitôt de son voile.

Éliézer raconta à son maître tout ce
qu'il avait fait. Isaac fit entrer Rébecca
dans la tente de sa mère dont il pleu-
rait la mort, et sa douleur fut adoucie.

27. Esaü vend son droit d'aînesse à son frère.

Rébecca mit au monde d'une seule

couche deux fils, Esaü et Jacob. Celui qui naquit le premier était couvert de poil; l'autre, au contraire, était doux au toucher. Le premier fut un intrépide chasseur; Jacob était paisible et simple de mœurs.

Un jour que Jacob s'était préparé un plat de lentilles, Esaü arriva fatigué de sa course, et dit à son frère : Donne-moi le ragoût, car je suis épuisé de fatigue. Volontiers, répondit Jacob, pourvu que tu me cèdes ton droit d'aînesse. J'y consens, reprit Esaü. Eh bien ! jure-le-moi donc, dit Jacob. Esaü jura, et céda ainsi son droit de premier-né.

28. Isaac envoie Esaü à la chasse.

Isaac, qui se plaisait à la chasse, aimait Esaü; mais Rébecca chérissait Jacob plus tendrement que son frère. Isaac, étant devenu vieux et aveugle, appela Esaü et lui dit : Prends ton carquois, ton arc et tes flèches; apporte-moi du gibier et prépare-m'en un ragoût pour que j'en mange, et qu'avant de mourir je te donne ma bénédiction. Esaü partit aussitôt pour la chasse.

29. Rébecca conseille à Jacob de prévenir Esaü.

Rébecca, qui avait entendu les paroles d'Isaac, appela Jacob, et lui dit : Donne-moi deux chevreaux bien gras. J'apprêterai un ragoût que ton père aime beaucoup; tu le lui serviras, et il te donnera sa bénédiction. Jacob lui répondit : Ma mère, je n'oserais faire ce que vous me dites : Esaü est couvert de poil, et je ne le suis pas. Si mon père me touche, il s'irritera contre moi; alors, au lieu de sa bénédiction, je n'aurai que sa colère, et il me maudira.

30. Rébecca prépare à manger à Isaac.

Rébecca insista : Ne crains rien, mon fils; s'il en résulte quelque chose de fâcheux, je prends tout sur moi; mais pour toi ne balance pas de suivre mes conseils. Jacob sortit, et apporta

deux chevreaux à sa mère. Celle-ci prépara au vieillard le ragoût qu'elle savait
devoir lui être agréable. Elle revêtit ensuite Jacob des habits de son frère, et
lui adapta aux mains et au cou la peau
d'un chevreau. Va maintenant, dit
Rébecca à son fils, va trouver ton
père, et offre-lui le mets qu'il désire.

31. Isaac bénit Jacob pour Esaü.

Jacob présenta à Isaac le ragoût préparé par sa mère. Isaac lui dit : Qui es-
tu ? Je suis Esaü, votre premier-né,
répondit Jacob. J'ai suivi vos ordres ;
levez-vous, mon père, et mangez du
gibier de ma chasse. Comment, dit
Isaac, as-tu pu en trouver aussi promptement ? J'en ai trouvé, mon père ;
c'est Dieu qui l'a voulu. Isaac reprit :
Es-tu réellement Esaü, mon premier-
né ? Approche-toi, que je te touche. Jacob obéit à son père, qui lui dit : C'est
bien la voix de Jacob, mais ce sont les
mains d'Esaü.

32. Esaü demande, à son retour, la bénédiction de son père.

Isaac embrassa Jacob, et le préférant à son frère, lui accorda tous les avantages attachés au premier-né. Peu de temps après, Esaü revint de la chasse, et offrit lui-même à son père le mets qu'il avait préparé. Isaac étonné lui dit : Quel est donc celui qui m'a apporté à manger il n'y a qu'un instant, et que j'ai béni comme mon premier-né? À ces mots, Esaü jeta un grand cri et remplit la maison de ses gémissements.

33. Départ de Jacob.

Esaü, enflammé de colère, menaçait Jacob de la mort. C'est pourquoi Rébecca, craignant pour son fils bien-aimé, lui dit : Fuis, mon fils, va chez Laban, ton oncle, et reste chez lui jusqu'à ce que la colère de ton frère soit apaisée. Jacob prit alors congé de son père et de sa mère, et partit pour la Mésopotamie. Il arriva bientôt dans un lieu où, fatigué de la route, il voulut passer la nuit. Il mit une pierre sous sa tête, et ne tarda pas à s'endormir.

34. Vision de Jacob.

Jacob vit en songe une échelle qui, appuyée sur la terre, allait jusqu'au ciel, et les anges qui montaient et descendaient sur cette échelle. Il entendit le Seigneur qui lui disait : Je suis le Dieu de ton père ; je te donnerai, à toi et à ta postérité, la terre sur laquelle tu reposes. Ne crains rien, je te soutiendrai, je te protégerai en quelque lieu que tu ailles ; je te ramènerai dans ta patrie, et à cause de toi tous les peuples de la terre seront comblés de biens. Jacob, à son réveil, adora le Seigneur.

35. Jacob arrive en Mésopotamie.

Jacob poursuivit son chemin, et arriva en Mésopotamie. Il vit trois troupeaux couchés auprès d'un puits où ils

avaient coutume de s'abreuver. S'en
étant approché, il dit aux bergers :
Frères, d'où êtes-vous ? Ils répondirent :
De la ville d'Haram. Il leur demanda
ensuite : Connaissez-vous Laban ? Ils lui
dirent : Nous le connaissons.—Se porte-
t-il bien ?—Oui, répondirent-ils : voici
Rachel , sa fille , qui arrive avec son
troupeau.

36. Jacob est bien reçu de Laban.

Tandis que Jacob parlait avec les bergers, Rachel, fille de Laban, arriva avec
le troupeau de son père ; car elle menait
aussi paître les troupeaux. Aussitôt Jacob , voyant sa parente, ôta la pierre
de l'entrée du puits. Je suis, lui dit-il,
fils de Rébecca ; et il l'embrassa. Rachel
courut annoncer cette nouvelle à son
père , qui reconnut son neveu , et lui
donna Rachel pour épouse.

37. Retour de Jacob.

Jacob resta longtemps chez Laban :
pendant ce temps, il augmenta son bien

d'une manière étonnante, et devint riche. Longtemps après, sur un avis de Dieu, il revint dans sa patrie. Comme il redoutait toujours la colère de son frère, pour l'apaiser il envoya en avant quelques-uns de ses gens lui offrir des présents. Ésaü, apaisé, alla au devant de Jacob, lui sauta au cou, l'embrassa en pleurant, et ne chercha jamais à lui nuire.

38. Enfance de Joseph.

Jacob eut douze fils, parmi lesquels était Joseph. Son père l'aimait plus que les autres, parce qu'il l'avait eu dans sa vieillesse. Il lui avait donné une robe tissue de fils de différentes couleurs. C'est pourquoi Joseph était odieux à ses frères, surtout depuis qu'il leur eut raconté deux songes qui présageaient sa grandeur future. Ils le haïssaient tant qu'ils ne pouvaient lui parler avec amitié.

39. Songes de Joseph.

Voici quels étaient les songes de Joseph : Nous liions, dit-il, des gerbes en-

semble dans un champ. Tout-à-coup
ma gerbe s'éleva et se tint debout, et
les vôtres se placèrent autour d'elle en
lui témoignant du respect. Ensuite j'ai
vu en songe le soleil, la lune et les
étoiles qui m'adoraient. Ses frères lui
répondirent : Que signifient ces songes?
Seras-tu notre roi, et devons-nous être
un jour soumis à ta puissance? Ses frères donc lui portaient envie; son père
cependant voyait tout cela en silence.

40. Les frères de Joseph prennent la résolution
de le tüer.

Un jour que les frères de Joseph faisaient paître leurs troupeaux dans un
endroit éloigné, Joseph était resté à la
maison. Jacob l'envoya vers ses frères
pour savoir comment ils se portaient.
Ceux-ci, à son approche, formèrent le
projet de le tuer. Voici, disaient-ils,
notre songeur qui vient, tuons-le et je-
tons-le dans une citerne; nous dirons à
notre père qu'une bête féroce l'a dévoré. On verra alors à quoi lui ont servi
ses songes.

41. Ruben essaie de sauver son frère.

Ruben, qui était l'aîné, voulait détourner ses frères d'un si grand crime. Ne tuez pas cet enfant, disait-il, car il est notre frère. Jetez-le plutôt dans cette fosse. Il avait l'intention de délivrer Joseph de leurs mains, de le retirer de la fosse, et de le reconduire chez son père. Cédant à ses avis, ses frères adoptèrent un parti moins violent.

42. Joseph est vendu par ses frères à des marchands.

Joseph étant arrivé près de ses frères, ceux-ci le dépouillèrent de la robe qu'il portait, et le jetèrent dans une fosse. Puis, au moment où ils se disposaient à prendre leur nourriture, il leur vint dans l'esprit de vendre Joseph à des marchands qui passaient près d'eux et qui allaient en Égypte avec des chameaux chargés de divers aromates. Les marchands achetèrent Joseph vingt pièces d'argent, et le conduisirent en Égypte.

2

43. Robe de Joseph envoyée à son père, teinte de sang.

Alors les frères de Joseph, après avoir trempé sa robe dans le sang d'un chevreau qu'ils avaient tué, l'envoyèrent à leur père avec ces paroles : Nous avons trouvé cette robe, voyez si c'est celle de votre fils. Jacob l'ayant reconnue, s'écria : C'est la robe de mon fils ! une bête farouche a dévoré Joseph ! Puis il déchira ses habits et se revêtit d'un cilice. Tous ses enfants cherchèrent à calmer sa douleur ; mais Jacob, ne voulant recevoir aucune consolation, leur dit : Dans ma douleur je suivrai mon fils au tombeau.

44. Joseph est vendu à Putiphar.

Un Égyptien nommé Putiphar acheta Joseph aux marchands. Dieu cependant favorisa Putiphar à cause de Joseph : tout lui réussissait. C'est pourquoi Joseph fut bien traité par son maître, qui le mit à la tête de sa maison. Ainsi Joseph administrait les biens de Putiphar : tout se faisait par ses ordres, et Putiphar ne s'occupait d'aucune affaire.

45. Joseph est accusé par la femme de Putiphar et mis en prison.

Joseph était d'une figure belle et remarquable; l'épouse de Putiphar le sollicitait au crime, mais il résista aux désirs de cette méchante femme. Elle le prit un jour par le bord de son manteau; mais Joseph abandonna le manteau entre ses mains et s'enfuit. Cette femme irritée appela ses serviteurs, et accusa Joseph auprès de son mari, qui, trop crédule, le fit jeter dans une prison.

46. Songes de deux officiers du roi Pharaon.

Il y avait dans la même prison deux officiers du roi Pharaon : l'un commandait aux échansons, et l'autre aux panetiers. Par la volonté divine, ils eurent tous deux dans la même nuit un songe. Joseph, qui était venu vers eux le matin, les ayant trouvés plus sombres que de coutume, leur demanda la cause de leur tristesse. Ceux-ci répondirent : Nous avons eu un songe, et personne ne peut nous l'expliquer. Est-ce que ce n'est pas à Dieu seul, répondit Joseph, qu'il appartient de connaître l'avenir? Racontez-moi vos songes.

47. Joseph explique le songe du grand échanson.

Alors le premier raconta ainsi son songe à Joseph : Dans mon sommeil j'ai vu un cep de vigne d'où sortaient trois rejetons. Ce cep produisit peu à peu des bourgeons ; les fleurs en sortirent, ensuite les raisins mûrissaient. Je pressais ces raisins dans la coupe de Pharaon, et je la lui présentais. Ayez bon espoir, lui dit Joseph ; dans trois jours Pharaon vous rendra votre ancienne fonction ; je vous prie de vous souvenir de moi.

48. Joseph explique le songe du grand panetier.

Le second raconta aussi à Joseph le

songe qu'il avait eu : Je portais, dit-il, sur ma tête trois corbeilles pleines de toutes sortes de pâtisseries. Tout-à-coup des oiseaux vinrent voltiger autour de mes corbeilles, et ils mangèrent ce qu'elles contenaient. Joseph lui répondit : Voici l'explication de votre songe : les trois corbeilles sont trois jours, au bout desquels Pharaon vous fera trancher la tête et attacher à un gibet, où les oiseaux se repaîtront de votre chair.

49. Accomplissement des deux songes.

Le troisième jour, qui était l'anniversaire de la naissance du roi, on prépara un festin splendide. Pharaon se ressouvint alors de ses officiers qui étaient en prison. Il réintégra le grand échanson dans sa charge ; il ordonna au contraire qu'on tranchât la tête au panetier, et il le fit ensuite suspendre au gibet. L'événement réalisa donc leurs songes. Cependant le grand échanson oublia Joseph, et le service qu'il en avait reçu.

2*

50. Songes de Pharaon.

Deux ans après , Pharaon eut lui-même un songe. Il se crut au bord du Nil, et il vit tout-à-coup sortir de ce fleuve sept vaches grasses, qui allèrent paître dans les marais. Il vit ensuite sortir du même fleuve sept autres vaches maigres, qui dévorèrent les premières. Pharaon, qui s'était éveillé, s'endormit de nouveau, et eut un autre songe. Sept épis pleins semblaient sortir d'une même tige; il en sortait ensuite sept autres sans grains, qui dévoraient les premiers.

51. Le grand échanson parle de Joseph au roi.

Au point du jour, Pharaon épouvanté convoqua tous les devins de l'Egypte, et leur raconta les songes qu'il avait eus; mais personne ne put les expliquer. Le grand échanson dit alors au roi : Je reconnais ma faute; pendant que le grand panetier et moi nous étions en prison, nous eûmes l'un et l'autre un songe dans la même nuit. Dans la même prison se trouvait un jeune Hébreu qui a sagement interprété nos songes, car l'événement a justifié son explication.

52. Joseph explique les songes du roi.

Pharaon fit appeler Joseph, et lui raconta son double songe. Joseph lui répondit : Vos deux songes ne signifient qu'une seule et même chose. Les sept vaches grasses et les épis pleins sont sept années d'abondance qui vont bientôt venir ; au contraire, les sept vaches maigres et les sept épis stériles sont sept années de famine qui succéderont aux années d'abondance. Mettez donc, ô grand roi ! à la tête de toute l'Egypte un homme sage et habile, qui renferme une partie de la récolte dans les greniers publics, et la conserve avec soin pour les années de famine qui nous menacent.

53. Joseph est établi intendant de toute l'Egypte.

Ce conseil plut au roi, qui dit à Jo-

seph : Est-il dans l'Egypte un homme
plus sage que vous? Personne ne s'ac-
quittera certainement mieux que vous
de cette charge. Je vous confie donc
dès aujourd'hui le soin de mon royaume.
Il tira ensuite un anneau de son doigt
et le donna à Joseph : il le revêtit d'une
robe de lin, lui donna un collier d'or,
et le fit asseoir dans son char à côté
de lui. Joseph avait 30 ans lorsqu'il reçut du roi le pouvoir suprême.

54. Joseph met en réserve une partie des
grains.

Joseph parcourut toutes les parties
de l'Egypte, et amassa une immense
quantité de blé pendant les sept années
d'abondance. Les sept années de stérilité
vinrent ensuite, et la famine se fit sentir
par toute la terre. Alors les Egyptiens,
que la disette accablait, vinrent trouver le roi et lui demandèrent des vivres.
Pharaon les renvoya à Joseph. Celui-ci
ouvrit les greniers et vendit du blé aux
Egyptiens.

55. Jacob envoie ses enfants en Egypte.

Les peuples des autres pays venaient aussi en Egypte, pour acheter des provisions. Jacob, pressé par le même besoin, y envoya aussi ses fils. Les frères de Joseph se mirent donc en route; mais le père retint auprès de lui le plus jeune, qui s'appelait Benjamin : car il craignait qu'il ne lui arrivât quelque malheur. Benjamin étant né de la même mère que Joseph, Jacob le chérissait beaucoup plus que ses autres frères.

56. Joseph fait semblant de les prendre pour des espions.

Lorsque les dix frères furent arrivés en présence de Joseph, ils se prosternèrent devant lui. Joseph les reconnut, mais il ne fut pas reconnu par eux. Il ne voulut pas d'abord leur découvrir qui il était, et il leur demanda comme à des étrangers : D'où venez-nous, et quel est votre dessein? Ils répondirent :

Nous venons du pays de Chanaan pour
acheter du blé. Ce n'est point là votre
intention, reprit Joseph ; vous venez ici
avec des projets hostiles : vous voulez ex-
plorer nos villes et les endroits peu for-
tifiés de l'Egypte. Nous sommes bien
éloignés de cela, répondirent-ils ; nous
ne méditons aucun mal. Nous sommes
douze frères : le plus jeune a été retenu à la maison par notre père ; l'autre
ne vit plus.

57. Joseph retient Siméon jusqu'à l'arrivée de
Benjamin.

Ce qui inquiétait Joseph, c'était de
ne pas voir Benjamin avec ses frères.
C'est pourquoi il leur parla ainsi : Je
vais éprouver si vous dites la vérité ;
qu'un d'entre vous reste en otage auprès
de moi, jusqu'à ce que l'on amène ici votre jeune frère ; quant à vous, retournez
vers votre père avec votre blé. Ils se dirent
alors entre eux : Nous avons été cruels
envers notre frère, et nous portons
maintenant la peine de notre faute. Ils

croyaient que Joseph ne comprenait rien à ces paroles, parce qu'il leur parlait par interprète. Mais Joseph se détourna un peu et versa des larmes.

58. Les frères de Joseph s'en retournent.

Joseph fit remplir de blé les sacs de ses frères, et mettre à l'entrée de ces sacs l'argent qu'ils avaient apporté. Il leur donna en outre des vivres pour leur voyage. Il les congédia ensuite, mais il retint Siméon en otage. Les frères de Joseph partirent donc, et dès qu'ils furent de retour, ils racontèrent à leur père ce qui leur était arrivé. Ils ouvrirent ensuite leurs sacs pour verser leur blé, mais ils furent bien étonnés d'y retrouver leur argent.

59. Jacob ne veut pas laisser partir Benjamin.

Jacob, ayant appris que l'intendant de l'Egypte voulait voir Benjamin, s'en plaignit en gémissant : « Vous m'avez privé de mes enfants, disait-il; Joseph

est mort, Siméon est retenu en Egypte,
vous voulez encore emmener Benjamin. Tous ces maux retombent sur
moi. Non, je ne laisserai point partir
Benjamin ; car s'il lui arrivait quelque
chose de fâcheux dans la route, je ne
pourrais lui survivre, et je mourrais
de chagrin. »

60. Ses enfants le pressent de consentir au départ de Benjamin.

Lorsque les provisions qu'ils avaient
apportées furent consommées, Jacob
dit à ses enfants : Retournez en Egypte
pour acheter des vivres. Ceux-ci répondirent : Nous ne pouvons aller trouver
l'intendant de l'Egypte sans Benjamin ;
car il a ordonné de le lui amener. Eh !
pourquoi, reprit le père, lui avez-vous
parlé de votre plus jeune frère ? C'est
lui-même, répondirent-ils, qui nous a
demandé si notre père vivait, si nous
avions d'autres frères : nous avons répondu à ses questions ; nous ne pou-
vions prévoir qu'il nous dirait : Amene
ici votre frère.

61. Jacob laisse partir Benjamin.

Juda, un des fils de Jacob, dit alors à son père : Confiez-nous Benjamin, je réponds de lui ; j'en prendrai soin et je vous le ramènerai. Si je ne tiens pas ma promesse, que votre colère retombe sur moi. Si vous aviez consenti de suite à son départ, nous serions déjà de retour. Jacob se rendit aux sollicitations de ses fils. Puisqu'il le faut, dit-il, que l'enfant parte avec vous. Portez à l'intendant d'Egypte des présents et le double du prix du blé, dans la crainte que ce ne soit par erreur que le premier argent vous ait été rendu.

62. Joseph fait préparer un grand repas pour ses frères.

On vint annoncer à Joseph que les mêmes étrangers étaient arrivés, et leur plus jeune frère avec eux. Joseph les fit entrer dans son palais, et voulut qu'on leur préparât un repas splendide. Cependant les frères de Joseph, craignant qu'on ne les blamât d'avoir emporté l'argent qu'ils avaient trouvé dans leurs sacs, s'excusèrent auprès de l'économe de Joseph, en lui disant : Nous sommes venus ici une première fois ; de retour chez notre père, nous avons été très-étonnés de retrouver dans nos sacs le prix du blé que nous avions acheté ; nous ignorons comment cela s'est fait, mais nous avons rapporté cet argent. L'économe leur répondit : Soyez sans inquiétude. Puis il leur amena Siméon, qui avait été retenu.

63. Ils sont introduits auprès de Joseph.

Joseph entra alors dans la chambre où étaient ses frères, qui lui offrirent des présents après lui avoir rendu leurs hommages. Il les salua avec bonté, et leur dit : Comment se porte le vieillard que vous avez pour père ? Vit-il encore ? Notre père, répondirent-ils, est toujours vivant, et il se porte bien. Jetant alors les yeux sur Benjamin,

Joseph dit : C'est là sans doute votre jeune frère, qui était resté près de votre père ? Puis il ajouta : Que Dieu vous accorde ses bénédictions, ô mon fils ! Et il sortit aussitôt, car il était ému, et il avait peine à retenir ses larmes.

64. Joseph ordonne que l'on cache sa coupe d'argent dans le sac de Benjamin.

Après s'être lavé le visage, Joseph rentra et se mit à table. Puis il servit chacun de ses frères, mais en ayant soin d'accorder à Benjamin une part cinq fois plus grande.

Le repas terminé, il dit à son économe de remplir de blé les sacs de ces étrangers, d'y renfermer leur argent, et de cacher sa coupe dans le sac de Benjamin ; ce que l'économe exécuta avec soin.

65. Joseph envoie à leur poursuite.

Les frères de Joseph se mirent en route ; à peine étaient-ils sortis de la

ville, que Joseph fit venir son économe
et lui dit : Mettez-vous à la poursuite
de ces étrangers, et quand vous les aurez rejoints, dites-leur : Pourquoi n'a-
vez-vous répondu à nos bienfaits que
par des injures ? Vous avez dérobé la
coupe d'argent dont mon maître se sert ;
c'est une bien mauvaise action. L'économe, pour remplir les ordres de son
maître, poursuivit les étrangers ; et
les ayant atteints, il leur reprocha le
vol qu'ils avaient commis, et leur en
fit sentir toute l'indignité.

66. On trouve la coupe dans le sac de Benjamin.

Les frères de Joseph répondirent à
l'économe : Loin de nous la pensée d'un
pareil crime ! Vous n'ignorez pas que
nous avons rapporté de bonne foi l'argent qui s'était trouvé dans nos sacs,
tant nous sommes éloignés d'avoir dérobé la coupe de votre maître. Que
celui-là soit mis à mort, dans le sac du-
quel le vol sera découvert. En même
temps ils délièrent leurs sacs ; et l'éco-

nome , les ayant fouillés , trouva la coupe dans celui de Benjamin.

67. Les frères de Joseph , accablés de chagrin , reviennent à la ville.

Alors les frères de Joseph reviennent à la ville pleins de tristesse. Ils se jettent aux pieds de Joseph , qui leur dit : Comment avez-vous osé vous rendre coupables de ce crime ? Je l'avoue, répondit Juda , le crime est évident , et nous n'osons ni demander ni espérer grâce : nous serons donc tous vos esclaves. Point du tout , reprit Joseph ; celui-là seul sera mon esclave qui a dérobé ma coupe. Quant à vous , vous êtes libres de retourner auprès de votre père.

68. Juda s'offre en esclavage pour sauver Benjamin.

Juda , s'étant alors approché de Joseph , lui dit : Seigneur , je vous en prie, veuillez m'écouter favorablement. Benjamin est le fils bien-aimé de notre père, qui pendant longtemps a refusé de

le laisser partir ; ce n'est qu'après que
je lui eus promis qu'il ne lui arriverait
aucun mal , qu'il s'est décidé à s'en sé-
parer. La douleur le conduira au tombeau , si nous nous en retournons sans
avoir tenu notre promesse. Je vous en
supplie , permettez que Benjamin s'en
retourne avec mes frères, et réduisez-
moi pour lui en esclavage ; je prends
sur moi et je subirai la peine qu'il a
encourue.

69. Joseph se fait reconnaître à ses frères.

En ce moment Joseph eut peine à se
contenir. Il fit sortir les Egyptiens qui
étaient présents, et s'écria les larmes
aux yeux : Je suis Joseph ; mon père
vit - il encore ? Ses frères , que la
crainte avait saisis, ne pouvaient lui
répondre. Il leur dit alors avec bonté :
Venez tous auprès de moi ; je suis Joseph , votre frère, que vous avez vendu
à des marchands qui allaient en Egypte.
Soyez sans inquiétude : c'est la provi-
dence de Dieu qui a permis tout cela ,

afin que je pusse veiller à votre con-
servation.

70. Joseph fait venir son père en Egypte.

Après avoir ainsi parlé , Joseph embrassa en pleurant Benjamin et ses autres frères. Ceux-ci lui parlèrent alors
avec plus de confiance. Puis Joseph leur
dit : Retournez promptement auprès
de mon père ; apprenez-lui que je vis
encore et que je suis tout-puissant auprès du roi Pharaon. Tâchez de le déterminer à venir s'établir en Egypte
avec toute sa famille.

71. Pharaon envoie des présents et des chariots à Jacob.

La nouvelle de l'arrivée des frères de
Joseph parvint à la connaissance du roi ,
qui leur donna des présents pour Jacob,
et leur dit : Amenez ici votre père avec
toute sa famille, et ne vous inquiétez pas
de vos meubles , car je vous procurerai
tout ce dont vous aurez besoin, et tous

les biens de l'Egypte vous appartien-
dront. Il leur envoya aussi des chariots
pour amener le vieillard, les enfants et
les femmes.

**72. Les frères de Joseph annoncent à leur père
que Joseph n'est pas mort.**

Les frères de Joseph se hâtèrent de
retourner auprès de leur père pour lui
annoncer que Joseph vivait encore et
qu'il gouvernait toute l'Egypte. A cette
nouvelle, Jacob, comme sortant d'un
profond sommeil, demeura quelque
temps frappé de stupeur, et ne voulut
pas d'abord ajouter foi au récit de ses
enfants. Mais ayant vu les présents et
les chariots envoyés par Pharaon, il
s'écria : Puisque mon fils Joseph vit
encore, je n'ai plus rien à désirer ;
j'irai et je le verrai avant de descendre
au tombeau.

**73. Jacob part pour l'Égypte avec toute sa
famille.**

Jacob partit alors pour l'Égypte avec

toute sa famille. Avant d'arriver il envoya Juda devant lui pour prévenir Joseph de son arrivée. Celui-ci alla sur-le-champ au devant de son père. Dès qu'il le vit il se jeta à son cou, et ils s'embrassèrent en pleurant. J'ai assez vécu, s'écria Jacob; je puis maintenant mourir en paix, puisque je t'ai vu et que je sais que tu me survivras.

74. Joseph informe le roi de l'arrivée de son père.

Joseph, s'étant présenté devant le roi, lui apprit l'arrivée de son père, et lui présenta aussi cinq de ses frères. Pharaon leur ayant demandé quelle était leur profession, ceux-ci lui répondirent qu'ils étaient pasteurs. Alors le roi dit à Joseph : L'Egypte vous est soumise; veillez à ce que votre père et vos frères s'établissent dans la meilleure province; et si parmi eux quelques-uns sont actifs et intelligents, qu'ils prennent soin de mes troupeaux.

3*

75. Joseph présente son père au roi.

Joseph présenta aussi son père au roi, qui, après avoir reçu les hommages de Jacob, lui demanda quel était son âge. J'ai cent trente ans, répondit Jacob, et cependant je n'ai pas encore atteint la vieillesse fortunée de mes ancêtres. Puis ayant salué le roi, il se retira. Joseph plaça son père et ses frères dans la meilleure contrée de l'Egypte, et il les pourvut de toutes choses en abondance.

76. Jacob demande à être enseveli dans le tombeau de ses ancêtres.

Jacob vécut encore dix-sept ans depuis son arrivée en Egypte. Sentant sa fin approcher, il fit venir Joseph et lui dit : Si vous m'aimez, jurez-moi d'exécuter ce que je vais vous prescrire : ne m'enterrez point en Egypte, mais renfermez mon corps dans le tombeau de mes aïeux. Joseph promit à son père d'exécuter fidèlement ses dernières volontés.

77. Joseph prie son père de bénir ses enfants.

Joseph amena ses deux enfants à son père : Manassé, qui était l'aîné, fût placé à la droite de Jacob, et Ephraïm, le plus jeune, à sa gauche. Mais le vieillard, croisant les mains, étendit la droite sur Ephraïm, et la gauche sur Manassé. Joseph vit cela avec peine, et il essaya de changer la position des mains. Mais Jacob lui dit : Je sais que celui-ci est l'aîné et l'autre le plus jeune ; mais je l'ai fait avec intention. Ainsi Jacob préféra Ephraïm à Manassé.

78. Joseph rend les derniers devoirs à son père.

Jacob ayant rendu le dernier soupir, Joseph se jeta sur son corps en poussant des gémissements, l'embrassa et le pleura longtemps. Puis après l'avoir fait embaumer, il le transporta dans la terre de Chanaan, suivi de ses frères et d'un grand nombre d'Egyptiens. Là ils firent les funérailles avec

la plus grande pompe, mirent le corps
dans le tombeau où étaient ensevelis
Abraham et Isaac , et revinrent en
Egypte.

79. Joseph rassure ses frères.

Après la mort de Jacob , les frères de
Joseph , craignant qu'il ne se ressouvînt
de l'injure qu'il avait reçue d'eux , vinrent le prier , au nom de leur père ,
d'oublier leur offense et de la leur pardonner. Soyez sans crainte , leur répondit Joseph : vous avez , il est vrai , mal
agi envers moi; mais, par une faveur
spéciale de la bonté divine , le mal a été
changé en bien. Je fournirai à vous et à
vos familles tout ce qui vous sera nécessaire. Il leur adressa encore beaucoup
d'autres paroles pleines de tendresse et
d'affection.

80. Joseph meurt.

Joseph vécut cent dix ans. Sentant
approcher sa fin , il fit venir ses frères

et leur dit : Je vais bientôt mourir,
mais Dieu ne vous abandonnera pas; il
vous protégera et vous conduira dans le
pays qu'il a promis à nos pères. Je vous
conjure d'y faire porter mes os. Ensuite
il rendit le dernier soupir. Son corps fut
embaumé et déposé dans un cercueil.

81. Après la mort de Joseph, les Israélites sont
persécutés.

Cependant les Hébreux (c'est ainsi
qu'on nommait les descendants de Jacob) se multiplièrent tellement, que leur
nombre, qui s'augmentait tous les jours,
inspira de vives inquiétudes aux Égyptiens. Pharaon avait eu pour successeur
un roi qui n'avait point vu Joseph, et
qui oublia ses services. Ce roi donc,
pour opprimer les Hébreux, leur fit
exécuter des travaux pénibles, et il ordonna même ensuite qu'on jetât dans
le fleuve tous leurs enfants nouvelle-
ment nés.

82. Naissance de Moïse. An du monde 2453.

Une femme israélite mit au monde
un fils qui était d'une beauté si merveilleuse qu'elle résolut de le sauver. A cet
effet, elle le cacha pendant trois mois ;
mais ne pouvant plus longtemps le soustraire aux perquisitions qui étaient
faites, elle enduisit de bitume et de poix
une corbeille de jonc, y déposa son enfant, et le plaça au milieu des roseaux
qui bordaient le fleuve. Puis elle ordonna à sa fille, qui était avec elle,
d'examiner de loin ce qui arriverait.

83. Moïse est sauvé par la fille de Pharaon.

Bientôt après, la fille de Pharaon se
rendit près du fleuve dans l'intention de
se baigner. Ayant aperçu la corbeille
placée au milieu des roseaux, elle ordonna à une de ses suivantes d'aller la
chercher. Quand elle vit ce petit enfant
qui criait, elle en eut pitié, et dit :
C'est sans doute un enfant des Hébreux.

Alors la sœur de l'enfant s'approcha et dit à la princesse : Voulez-vous que je fasse venir une femme israélite pour nourrir cet enfant? Et elle appela sa mère. La fille de Pharaon lui confia l'enfant, en lui promettant une récompense. Ainsi ce fut la mère qui nourrit son propre enfant; et quand il fut grand, elle le rendit à la fille de Pharaon, qui l'adopta et lui donna le nom de *Moïse*, c'est-à-dire *sauvé des eaux*.

84. Moïse délivre son peuple.

Dieu ordonna à Moïse , qui était déjà vieux, d'aller trouver Pharaon , et de lui commander , en son nom , de laisser partir les Hébreux. Ce roi impie ne voulut point se rendre aux ordres du ciel. Moïse alors , pour l'y forcer , fit plusieurs prodiges , que l'on appelle les *plaies d'Égypte*. Et comme Pharaon n'en persistait pas moins dans son sentiment , Dieu extermina tous les premiers nés des Egyptiens. Le roi enfin , cédant à la crainte, permit aux Hébreux de sortir de l'Égypte.

85. Départ des Hébreux. Ils sont conduits par une colonne de feu.

Les Hébreux sortirent de l'Égypte au nombre de six cent mille, outre les enfants et la populace. Une nuée pendant le jour et une colonne de feu pendant la nuit guidaient leur marche ; et jamais, pendant quarante ans, cette colonne ne les quitta. Quelques jours après ils arrivèrent devant la mer Rouge, et y dressèrent leurs tentes.

86. Moïse sépare les eaux de la mer.

Cependant Pharaon regrettait la permission qu'il avait donnée, et s'étant mis à la tête d'une armée nombreuse, il se mit à la poursuite des Hébreux. Ceux-ci, en voyant d'un côté la mer qui leur barrait le passage, et de l'autre Pharaon qui les poursuivait avec toutes ses troupes, furent saisis de crainte.

Alors Dieu dit à Moïse : Étendez votre main droite sur la mer et séparez les eaux, en sorte que les Hébreux puissent y passer à pied sec.

87. Les Hébreux passent la mer à pied sec.

Moïse exécuta les ordres de Dieu. Ayant étendu sa main droite sur la mer, les eaux se divisèrent et demeurèrent suspendues de chaque côté. En même temps un vent violent dessécha le lit de la mer. Les Hébreux la traversèrent alors à pied sec, car ses flots étaient suspendus comme des murailles à droite et à gauche. Le roi d'Egypte, qui poursuivait les Israélites avec acharnement, entra aussi sans hésiter dans la mer entr'ouverte avec toutes ses troupes.

88. Les Egyptiens sont engloutis dans les flots.

Au moment où les Egyptiens étaient au milieu de la mer, Dieu foudroya leurs chars et renversa leurs cavaliers. Frappés de terreur, ils cherchèrent à

fuir; mais le Seigneur dit à Moïse :
Etendez de nouveau votre main sur la
mer, afin que les eaux reprennent leur
cours naturel. Moïse obéit; et les eaux,
se rejoignant, engloutirent les Egyptiens, leurs chars et leurs cavaliers.
Toute l'armée de Pharaon périt ainsi
au milieu des flots; pas un seul n'é-
chappa pour porter la nouvelle d'un si
grand désastre. Ce fut ainsi que, par
la puissance de Dieu, les Hébreux furent délivrés de l'injuste servitude des
Egyptiens.

89. Dieu nourrit son peuple dans le désert.

Après avoir traversé la mer Rouge,
les Hébreux errèrent longtemps au milieu d'un vaste désert. Ils n'avaient pas
de pain, mais Dieu prit soin de les nourrir : pendant quarante ans il tomba du
ciel une nourriture qu'ils appelèrent
manne, et qui avait un goût de farine
pétrie avec du miel. Quand l'eau leur
manquait, Moïse, par l'ordre de Dieu,
frappait un rocher avec sa baguette, et

il en sortait aussitôt des sources d'eau vive.

90. Publication de la loi au milieu des tonnerres et des éclairs.

Trois mois après leur sortie d'Égypte, les Hébreux parvinrent au pied du mont Sinaï. Là Dieu leur donna sa loi avec un appareil effrayant. Le tonnerre grondait, les éclairs brillaient, la montagne était couverte d'une épaisse nuée, et le son de la trompette se faisait entendre avec force. Le peuple effrayé se tenait au bas de la montagne qui vomissait des flammes. Cependant Dieu, sur le haut du mont Sinaï, dictait sa loi du sein de la nuée, parmi les éclairs et les tonnerres.

91. Principaux articles de la loi.

Or voici les paroles que Dieu prononça : Je suis le Seigneur votre Dieu, qui vous ai sauvés de la servitude d'E-gypte.— Vous n'adorerez point de dieux étrangers ; je suis le seul Dieu , et il n'y en a pas d'autre que moi.—Vous ne prendrez pas le nom de Dieu en vain et sans cause. — Vous ne travaillerez point le jour du sabbat. — Honorez vos parents. — Ne tuez point. — Ne commettez point d'adultère.—Vous ne commettrez point de vol ; vous ne ferez point de faux témoignages ; vous ne désirerez pas le bien d'autrui.

92. Construction du tabernacle et de l'arche. Mort de Moïse.

Moïse, sur l'ordre de Dieu, fit construire le tabernacle , orné de peaux et d'étoffes précieuses , ainsi que l'arche d'alliance , revêtue de l'or le plus pur , et dans laquelle il renferma les tables de la loi. Cet homme, célèbre par sa sagesse et ses vertus, mourut au moment où il allait entrer dans la terre promise. Le peuple le pleura pendant trente jours, et mit à sa place Josué, que Moïse avait lui-même choisi pour son successeur.

93. Les Hébreux, conduits par Josué, passent le Jourdain à pied sec.

Pour être introduits dans la terre promise, les Hébreux devaient traverser le Jourdain ; cependant ils n'avaient point de bateau, et le fleuve, qui coulait à plein lit, ne présentait aucun endroit guéable. Dieu vint à leur secours ; il ordonna à Josué de faire porter devant le peuple l'arche d'alliance. Au moment où elle approcha du fleuve, les eaux qui étaient au dessus s'arrêtèrent comme un mur, et celles qui étaient au dessous, laissant le lit à sec, s'écoulèrent vers la mer.

94. Monument élevé par Josué.

Après avoir traversé le lit desséché du Jourdain, les Hébreux arrivèrent sur la rive opposée ; alors les eaux reprirent leur ancien cours. Josué, qui avait fait prendre douze pierres au milieu du fleuve, les éleva en forme de monument pour consacrer la mémoire d'un fait aussi glorieux ; puis il dit aux Hébreux : Quand vos enfants vous demanderont ce que signifie cet amas de pierres, vous leur direz : Nous avons traversé le Jourdain à pied sec ; et c'est en mémoire de ce passage que ce monument a été érigé, afin de faire connaître combien est grande la puissance du Seigneur.

95. Les murs de Jéricho tombent d'eux-mêmes.

Il y avait dans ce pays une ville défendue par des murs très-élevés et des tours extrêmement fortes. Cette ville, nommée Jéricho, était imprenable, et il était même très-difficile d'en faire le siége. Cependant Josué vint l'attaquer. S'appuyant sur le secours de Dieu et non sur les armes et sur les forces humaines, il fit porter l'arche autour des murailles, et voulut que les prêtres la précédassent en sonnant de la trompette. A peine eurent-ils fait ainsi sept fois le tour de la ville, que les tours et les murailles tombèrent d'elles-mêmes, et la ville fut prise et saccagée.

96. Josué arrête le soleil.

Les rois de Chanaan, après avoir réuni leurs forces, vinrent à la rencontre des Hébreux. Mais Dieu dit à Josué : Soyez sans crainte, la victoire est à vous. Josué les attaqua donc avec tant de vigueur qu'ils furent saisis d'épouvante et prirent la fuite. Dieu fit alors tomber sur eux une grêle de pierres qui en tua un grand nombre. Mais comme le jour était sur son déclin, et que le combat n'était pas encore terminé, Josué commanda au soleil de s'arrêter ; et, en effet, le soleil s'arrêta et prolongea le jour jusqu'à ce que toute l'armée ennemie eût été passée au fil de l'épée.

97. Josué meurt après avoir établi les Hébreux dans la terre promise. An du monde 2570.

Après avoir soumis toute la Palestine et avoir établi les Hébreux dans cette

terre promise, Josué fit entre chaque
tribu le partage des terres et des villes
prises ; après quoi il mourut. Après sa
mort, le pouvoir suprême fut confié à
des juges, parmi lesquels se firent remarquer Gédéon, Samson et Samuel.
Dans la suite, le sort des Hébreux fut
différent, selon leur bonne ou mauvaise
conduite. Souvent ils offensèrent Dieu ;
et Dieu, qui leur retirait son secours,
les abandonnait à leurs ennemis. Mais
toutes les fois que, repentants, ils implorèrent sa miséricorde, Dieu apaisé
les délivra.

98. Un ange se présente à Gédéon et le charge de délivrer son peuple.

Les Hébreux, opprimés par les Madianites, implorèrent l'assistance divine, et Dieu les exauça. Un ange apparut à Gédéon et lui dit : Le Seigneur
est avec vous, homme courageux. Si le
Seigneur est avec nous, répondit Gédéon,
pourquoi sommes-nous soumis à un si
dur esclavage ? L'ange reprit : Ayez cou-

rage ; Dieu vous a choisi pour tirer son peuple de la servitude des Madianites. Gédéon refusa d'abord d'entreprendre une pareille tâche ; mais enfin , rassuré par deux miracles, il y consentit.

99. Gédéon, à la tête d'une armée, marche contre les Madianites.

Gédéon, à la tête d'une armée composée de trente-deux mille hommes, vint camper en face des ennemis. Or les troupes des Madianites étaient innombrables, car le roi des Amalécites s'était réuni à eux. Cependant Dieu dit à Gédéon : Tant de milliers d'hommes sont inutiles ; gardez seulement trois cents guerriers, et renvoyez les autres, de peur qu'ils n'attribuent la victoire à leur valeur, et non à la puissance divine.

100. Combat et victoire de Gédéon.

Après avoir fait trois corps des trois cents hommes qui lui restaient, Gédéon

4

leur distribua des trompettes et des vases
de terre où il avait fait mettre des torches allumées. Pendant la nuit, ils en-
trèrent dans le camp ennemi, et se
mirent à sonner de la trompette, en
frappant leurs vases les uns contre les
autres. Les Madianites, effrayés par le
son des trompettes et par la vue des
torches allumées, prirent lâchement la
fuite, et se dispersèrent dans toutes les
directions. Enfin ils tournèrent leurs
armes contre eux-mêmes et s'entr'égor-
gèrent. Gédéon se mit alors à la poursuite
des rois ennemis, les fit prisonniers, et
les envoya à la mort.

101. Naissance de Samson. Sa force prodigieuse.

Les Hébreux étaient esclaves des Philistins, lorsque naquit Samson, qui devait un jour venger ses concitoyens. Sa
mère avait été longtemps stérile ; mais
un ange se présenta à elle, et lui annonça que d'elle naîtrait un fils qui
délivrerait les Hébreux du joug des Phi-

listins. En effet, ayant mis au monde
un fils, elle l'appela Samson. L'enfant
grandit ; on laissa croître ses cheveux,
et il ne but ni vin ni autre liqueur forte.
Il était d'une force extraordinaire, et il
terrassa de sa propre main un lion qui
venait à sa rencontre.

102. Samson, devenu grand, moleste les
Philistins.

A mesure qu'il grandissait, Samson
ne laissait échapper aucune occasion de
molester les Philistins. Il prit un jour
trois cents renards, leur attacha à la
queue des torches enflammées, et les
lâcha dans la campagne de ses ennemis.
La moisson, qui était alors en matu-
rité, devint bientôt la proie des flammes.
Les blés, les vignes, les oliviers, furent
brûlés, et Samson ne cessa pas de faire
éprouver à ses ennemis toutes sortes de
pertes. Il rompit les liens dont l'avaient
chargé les Philistins qui s'étaient em-
parés de lui par trahison ; et avec une
mâchoire d'âne que le hasard lui fit
rencontrer, il terrassa mille ennemis.

103. Samson enlève les portes d'une ville où il était renfermé.

Samson entra un jour dans une ville des Philistins, et il parut vouloir y passer la nuit. Profitant de l'occasion, les Philistins fermèrent les portes de la ville, pour que personne ne pût en sortir, et ils veillèrent toute la nuit en silence, afin de tuer Samson lorsque, le matin, il voudrait sortir. Mais Samson se leva vers le milieu de la nuit; et ayant trouvé fermée la porte de la ville, il la mit sur ses épaules avec les poteaux et les serrures, et la transporta sur le haut d'une montagne voisine.

104. Samson, trahi par sa femme, est livré aux Philistins.

Cependant les Philistins, après plusieurs tentatives infructueuses pour s'emparer de Samson, parvinrent, au moyen d'une somme d'argent, à déterminer son épouse à trahir son mari. Cette femme réussit à découvrir le se-

cret d'une force aussi prodigieuse ; et
ayant appris que toute la force de Samson consistait dans sa chevelure, elle la
lui coupa pendant son sommeil, et le
livra ainsi aux Philistins, qui, après
l'avoir chargé de chaînes et lui avoir
crevé les yeux, le jetèrent en prison et
s'en servirent longtemps comme d'un
jouet. Mais au bout d'un certain temps,
ses cheveux et, avec eux, ses forces
revinrent ; et Samson, qui connaissait
sa force, cherchait l'occasion d'une vengeance éclatante.

105. Samson meurt en faisant périr trois mille Philistins.

Les Philistins avaient coutume, aux
jours de fêtes, d'offrir Samson en spectacle, et d'insulter à sa captivité. Un
jour qu'ils s'étaient réunis dans un ban-
quet, ils ordonnèrent d'amener Samson.
La salle où se trouvaient réunis le peuple et les chefs des Philistins était appuyée sur deux grandes colonnes entre
lesquelles ils firent placer Samson. Ce-

4*

lui-ci, saisissant l'occasion, ébranla ces colonnes, qui, dans leur chute, écrasèrent tous les assistants. Samson lui-même périt, mais non sans s'être vengé.

106. Naissance de Samuel.

Héli était grand-prêtre lorsque naquit Samuel. Sa mère l'offrit au Seigneur, et le laissa au pontife pour le servir dans les sacrifices : l'enfant, doué d'un naturel excellent, grandissait et était chéri de Dieu et des hommes. De temps en temps, sa mère lui faisait présent d'une petite tunique qu'elle confectionnait elle-même. Héli, au contraire, avait des enfants de mœurs si déréglées, qu'ils cherchaient à entraîner le peuple dans l'idolâtrie, et le pontife ne les réprimandait pas assez sévèrement ; aussi Dieu était-il irrité contre les enfants et contre le père.

107. Dieu fait connaître à Samuel le châtiment qu'il destine à Héli.

Une nuit que le grand-prêtre dor-

mait, Dieu appela Samuel. Celui-ci,
croyant avoir entendu la voix d'Héli, se
leva et courut vers le pontife en lui disant : Vous m'avez appelé, me voici.
Mais le grand-prêtre lui répondit : Mon
fils, je ne vous ai point appelé ; retournez dans votre lit. Cela arriva une
seconde et une troisième fois. Enfin
Samuel, instruit par Héli, répondit à
Dieu : Parlez, Seigneur ; votre serviteur
écoute. Dieu dit alors à Samuel : Je
frapperai la maison d'Héli de si grands
malheurs, que personne ne pourra en
entendre le récit sans frémir, parce
qu'il n'a pas été assez sévère pour ses
enfants, et qu'il a été trop indulgent
pour leurs défauts.

108. Samuel révèle à Héli les paroles du Seigneur.

Samuel tomba ensuite dans un profond sommeil, qui se prolongea jusqu'au
matin. Quand le jour parut, il se leva,
et, selon sa coutume, ouvrit la porte
du tabernacle. Cependant il n'osait pas

révéler au grand-prêtre les paroles du
Seigneur ; mais Héli l'appela et lui dit :
Je vous en conjure, faites-moi connaître
ce que Dieu vous a dit ; surtout ne me
cachez rien de ce que vous avez appris.
Samuel alors se rendit aux ordres du
pontife, et lui raconta tout ce qu'il
avait entendu. Héli lui répondit : Dieu
est le maître ; qu'il soit fait selon sa
volonté !

109. Châtiment d'Héli et de ses enfants.

Quelque temps après, il s'éleva une
guerre entre les Philistins et les Hébreux. L'arche d'alliance, que les Hébreux portaient dans le combat, était
précédée par les enfants d'Héli ; mais,
comme Dieu était irrité contre eux,
l'arche d'alliance, loin de les protéger,
leur devint funeste ; les Hébreux furent
vaincus, les fils du grand-prêtre péri-
rent dans la mêlée, et l'arche elle-même
tomba au pouvoir des ennemis. A la
nouvelle d'un si grand désastre, Héli
tomba du haut de son siége, se brisa la
tête, et mourut.

110. Samuel, dernier juge des Hébreux. Saül
est élu roi, l'an du monde 2900.

Samuel, qui fut le dernier juge des
Hébreux, les gouverna dans une paix
profonde. Mais comme il était devenu
vieux, et que ses enfants n'avaient pas
les mœurs pures de leur père, le peuple, qui aimait la nouveauté, voulut
avoir un roi. Samuel s'y opposa d'abord,
et chercha à le détourner de son dessein ; mais les Hébreux y persistèrent.
C'est pourquoi Samuel, averti par Dieu,
se rendit à leur demande et sacra Saül
roi. Saül avait la taille haute, la figure
distinguée, et tout son extérieur répondait parfaitement à la dignité royale.

111. Première désobéissance de Saül.

Les Philistins s'étant jetés à l'impro-
viste sur les terres des Hébreux, Saül
marcha contre eux, et plaça son camp
auprès de Galgala, ville remarquable
du pays. Or Samuel avait prescrit d'at-

tendre son arrivée pendant sept jours,
et de n'en venir aux mains que lorsqu'il
aurait lui-même offert un sacrifice à
Dieu. Le septième jour, Samuel n'étant
pas encore arrivé, et le peuple, fatigué
d'attendre, commençant à se disperser,
Saül offrit lui-même le sacrifice au Seigneur à la place du grand-prêtre. Le
sacrifice était à peine terminé, que Samuel arriva et blâma fortement le roi
de s'être arrogé une fonction qui n'appartenait qu'aux prêtres.

112. Jonathas, fils de Saül, met en fuite l'armée des Philistins.

Pendant que les Philistins serraient
de près les Hébreux, Jonathas, fils de
Saül, conçut un projet plein de har-
diesse et le mit à exécution. Suivi d'un
seul écuyer, il pénètre dans le camp
ennemi, en tue une vingtaine, et jette
la terreur dans toute l'armée qui, sans
écouter les ordres de ses chefs, se dé-
bande et prend lâchement la fuite. Saül,
qui s'en aperçoit, se hâte de quitter ses

retranchements, et se mettant à la poursuite de l'ennemi, il remporte une éclatante victoire.

113. Saül veut faire mourir son fils.

Pendant qu'il était à la poursuite des Philistins, Saül prescrivit à tous ses soldats de ne prendre aucune nourriture jusqu'à ce que les ennemis fussent anéantis, et il jura de faire mourir quiconque désobéirait à ses ordres. Jonathas, qui était absent, n'avait aucune connaissance de l'ordre du roi. Or il arriva que l'armée vint à traverser une forêt où il y avait beaucoup de miel sauvage. Jonathas, ignorant la défense de son père, trempa dans le miel la baguette qu'il portait à la main, et l'approcha de ses lèvres. Dès que le roi en fut informé, il voulut faire mourir son fils ; mais le peuple, plein de reconnaissance pour le service que Jonathas venait de lui rendre, ne souffrit pas que ce jeune homme, qui était innocent, fût conduit à la mort.

114. Seconde désobéissance de Saül. David sacré roi.

Cependant Saül, d'après l'ordre de Dieu, venait de déclarer la guerre aux Amalécites. Il eut d'abord des succès : les Amalécites furent exterminés, et leur roi fut pris. Mais ensuite Saül offensa grièvement le Seigneur. Au mépris des ordres de Dieu qui avait ordonné de brûler toutes les dépouilles des ennemis, il réserva une partie de ces dépouilles. C'est pourquoi Dieu le rejeta, et mit à sa place un jeune homme de la tribu de Juda, David, qui fut sacré roi par Samuel.

115. Saül est tourmenté par l'esprit malin. David est appelé pour le calmer.

Saül, pour avoir méprisé les ordre de Dieu, fut possédé par le malin espri qui l'agitait et le faisait souvent mettr en fureur. C'est pourquoi les courtisan. lui conseillèrent d'appeler auprès de lu quelque bon joueur de harpe, qui pû calmer son esprit malade, et ils lui présentèrent David qui, à cause de sa grande habileté sur cet instrument, faisait partie de la maison du roi. Aussitôt que le démon s'emparait de Saül, David jouait de la harpe, et calmait la fureur du roi.

116. Les Hébreux défiés par le géant Goliath.

La guerre ne tarda pas à éclater entre les Hébreux et les Philistins. Avant que les armées en vinssent aux mains, un Philistin nommé *Goliath*, d'une taille colossale, s'avança aux premiers rangs, et défia longtemps les Hébreux à un combat singulier. Il portait une cuirasse couverte d'écailles ; des bottes d'airain, un casque et un bouclier du même métal, lui servaient d'armes défensives. Saül, irrité des provocations de ce géant, avait offert de magnifiques récompenses et même sa fille en mariage à celui qui lui apporterait ses dépouilles ; mais personne n'osait se mesurer contre lui, et Goliath, adressant

aux Hébreux des paroles pleines de dé-
rision et de mépris, leur reprochait leur
lâcheté.

117. David s'offre pour combattre Goliath.

Touché de la honte qui rejaillissait
sur son peuple, David s'offrit volontai-
rement pour combattre Goliath. On le
présenta donc à Saül, qui désespéra du
succès en considérant sa grande jeunesse. Il est impossible, lui dit-il, que,
jeune comme vous l'êtes, vous puissiez
vous mesurer avec un homme aussi robuste. Ne craignez rien, ô grand roi!
répondit David. Pendant que je gardais
les troupeaux de mon père, un lion s'é-
lança sur eux et saisit une brebis; je
courus à lui et le tuai après avoir arra-
ché la brebis de sa gueule. J'ai de même
terrassé un ours. Dieu, qui m'a protégé
contre le lion et l'ours, me protégera
aussi contre ce Philistin. Saül lui dit
alors : Ayez toujours la même confiance,
et que Dieu vous soit en aide!

118. David, armé seulement d'une fronde, marche contre Goliath.

Saül voulut lui-même revêtir le jeune David de ses propres armes : il lui donna son casque, sa cuirasse et son épée. Mais David, gêné par ces armes qu'il n'avait pas habitude de porter, pouvait à peine faire un pas. Il quitta donc une armure aussi incommode, prit la houlette dont il se servait, s'arma d'une fronde et de cinq pierres qu'il mit dans un petit sac, et marcha contre le Philistin.

119. David tue Goliath.

Goliath, qui s'avançait de l'autre côté, aperçut le jeune homme et lui cria : Me prends-tu pour un chien, toi qui viens à moi avec un bâton ? David lui répondit : Tu viens m'attaquer avec l'épée, la lance et le bouclier ; et moi je viens au nom du Dieu des armées, que tu n'as pas craint de braver. Prenant alors sa fronde, il lança une pierre contre le Philistin, le frappa au front,

le renversa , et lui arrachant son épée ,
il lui coupa la tête. Saisis d'épouvante ,
les Philistins prirent la fuite et laissèrent
les Hébreux maîtres du champ de bataille.

120. Saül est jaloux de David.

David, à son retour , trouva les Hébreux qui étaient venus à sa rencontre,
et qui le conduisirent à la ville en le
félicitant sur sa victoire. Les femmes
elles-mêmes quittèrent leurs maisons
pour chanter ses louanges au son des
tambours. Tant d'éloges de la part du
peuple excitèrent la jalousie de Saül, qui
ne put jamais les pardonner à David, et
qui ne le vit plus dès lors d'un bon œil.
Mais il n'en fut pas de même de son
fils Jonathas : voyant avec admiration
le courage de David, il lui voua la plus
sincère amitié, et lui donna son bau-
drier, son arc et son épée.

121. Saül refuse d'accomplir sa promesse.

Saül avait promis qu'il donnerait sa

fille en mariage au vainqueur de Goliath; mais il ne tint pas sa promesse,
et y mit pour seconde condition que
David tuât de sa main cent Philistins.
Sa jalousie lui avait suggéré une pareille
condition : il espérait que le jeune guerrier périrait en exécutant son entre-
prise. Mais son espoir fut déçu; car
David, ayant tué deux cents Philistins,
revint sans avoir reçu de blessure, et
épousa alors la fille du roi.

122. Saül tente plusieurs fois de tuer David.

Chaque jour voyait augmenter la haine
de Saül; aussi ce prince, excité par la
jalousie, et perdant toute retenue, tenta
plusieurs fois ouvertement de tuer David. Deux fois il voulut le percer de sa
lance, et ce ne fut qu'en se détournant
que David put éviter le coup mortel.
Une autre fois Saül ordonna à Jonathas
de faire mourir David; mais celui-ci
refusa d'obéir à des ordres aussi bar-
bares, et conjura même son père, les
larmes aux yeux, d'abandonner un pa-

reil dessein. Enfin Saül envoya ses gar-
des jusque dans la maison de David,
pour le massacrer sous les yeux de son
épouse; mais celle-ci le fit descendre
par la fenêtre, et le sauva ainsi du danger qui le menaçait.

123. David épargne Saül qui le poursuivait.

David, voyant la haine profonde que
lui portait le roi, quitta la cour et se
réfugia dans une solitude. Saül se mit à
sa poursuite; mais David, protégé par le
Seigneur, évita toutes ses embûches, et
plus d'une fois il épargna lui-même Saül
dont la vie était entre ses mains. Dans
le désert où il s'était retiré était une
caverne très-profonde : c'est là que David et ses compagnons avaient cherché
un refuge. Or il arriva que Saül, qui était
entré seul dans cette caverne, et qui n'a-
vait pas aperçu ceux qui y étaient réfugiés,
s'y reposa et s'endormit d'un profond
sommeil. Alors les compagnons de David
voulurent lui persuader de saisir une
occasion aussi favorable pour se défaire

dë son ennemi ; mais David s'y refusa , quoiqu'il pût le faire avec impunité.

124. Mort de Saül.

Les Philistins ayant recommencé la guerre, Saül s'avança à leur rencontre avec son armée, et leur livra bataille. Les Hébreux furent vaincus ; trois des fils du roi furent tués, et Saül lui-même, renversé de son cheval, et ne voulant pas tomber vivant au pouvoir de l'ennemi, ordonna à un de ses compagnons de lui enfoncer son épée dans le cœur. La mort du roi acheva la déroute des Hébreux, et les Philistins remportèrent une victoire complète.

125. Regrets de David en apprenant la mort de son ennemi.

En apprenant la mort de Saül, David ne put retenir ses larmes ; il maudit le mont Gelboë , sur lequel le meurtre avait été commis, et fit mourir celui qui lui apporta les ornements royaux en se vantant d'avoir tué Saül, pour le punir d'avoir osé porter les mains sur la majesté royale. Il combla de bienfaits les habitants de la ville de Jabès, qui avaient rendu les derniers devoirs aux restes infortunés de Saül et de ses enfants. Rare et admirable exemple d'une générosité sans bornes envers un ennemi !

126. David se rend coupable de deux grands crimes.

Devenu roi, David se rendit coupable de deux grands crimes. Il conçut une passion coupable pour une femme nommée Betsabé, et lui fit partager son amour. Urie, le mari de cette femme, était un guerrier courageux ; il était alors à l'armée, et servait sa patrie avec honneur et fidélité. David lui fit donner un commandement très-périlleux, où il périt. Alors Dieu courroucé fit annoncer à David, par un prophète, qu'il était coupable et qu'il devait être puni d'un si grand crime.

127. Parabole proposée par le prophète à David.

Le prophète vint trouver David et lui dit : Deux hommes habitaient la même ville : l'un, possesseur d'immenses richesses, avait encore une grande quantité de troupeaux de bœufs, de chèvres et de moutons; l'autre n'avait pour tout bien qu'une brebis qu'il avait achetée et qu'il nourrissait dans sa maison avec le plus grand soin. L'homme riche, qui venait de donner l'hospitalité à un étranger, ne voulant pas tuer une de ses brebis pour lui donner à manger, s'empara par force de celle du pauvre, et la servit à son hôte. C'est à vous, ô roi, à juger une telle action.

128. Le prophète applique la parabole à David.

Plein d'indignation, le roi répondit au prophète : Quel qu'il soit, cet homme a commis une mauvaise action; il n'a enlevé qu'une brebis, il en rendra quatre. Le prophète alors s'expliqua sans détour : Vous êtes, dit-il à David,

cet homme riche ; Dieu vous a donné
tous les biens en partage ; il vous a fait
roi, il vous a fait échapper aux persécutions de Saül, et vous a donné sa couronne et ses richesses. Pourquoi donc
avoir séduit la femme d'Urie ? Pourquoi
donc avoir fait tomber sous les coups
de l'ennemi un homme innocent, un
homme qui exposait chaque jour sa vie
pour vous dans les combats ? Ces paroles du prophète touchèrent David, qui
reconnut sa faute. Dieu, lui dit le prophète, vous remet votre péché ; mais
l'enfant que vous avez eu de Betsabé
mourra.

129. Jeûne et prière de David pour conserver la
vie de l'enfant.

Quelque temps après, l'enfant
éprouva une forte maladie ; durant sept
jours David ne cessa de gémir et de
prier, et s'abstint de toute nourriture.
L'enfant étant mort le septième jour,
les serviteurs du roi n'osaient pas lui
apprendre cette mort. Mais David, les

ayant vus s'entretenir entre eux, de-
vina ce qui était arrivé. Alors, cessant
de gémir, il se fit apporter de la nourriture, et dit à ses courtisans qui en
paraissaient étonnés : Pendant la maladie de l'enfant, je jeûnais et priais,
dans l'espérance que Dieu serait touché
de mes larmes ; mais il est mort, et
toute mon affliction ne saurait le rap-
peler à la vie.

130. Absalon se révolte contre son père.

Cette douleur ne fut pas la seule qui
affligea le cœur de David. Absalon, son
fils, qui ambitionnait la couronne, souleva contre son père une multitude sans
expérience, et se révolta contre lui. A
cette nouvelle, David se hâta de quitter
Jérusalem, dans la crainte que sa présence n'engageât Absalon à venir assiéger
cette ville royale, et qu'il ne la saccageât.
En étant donc sorti avec tous ceux qui
lui étaient demeurés fidèles, il gravit,
en pleurant, la montagne des Oliviers,
les pieds nus et la tête couverte d'un
voile.

131. Patience admirable de David.

David rencontra dans sa fuite un homme de la race de Saül, nommé Séméi, qui, non content de l'accabler d'injures lui et ses compagnons, les assaillit à coups de pierres. Ceux-ci, indignés, voulaient se venger, et couper la tête de cet homme qui les outrageait; mais David les en empêcha : Laissez, leur dit-il, cet homme me maudire ; Dieu peut-être, touché de tant de souffrances, aura pitié de mes maux, et rendra mes affaires plus prospères. Les compagnons du roi, pleins d'admiration à la vue d'une résignation aussi incroyable, se soumirent avec peine à ces ordres.

132. David lève une armée contre Absalon.

Absalon, voyant son père en fuite, fit son entrée dans Jérusalem et y séjourna quelque temps. Ce retard sauva David : il eut le temps de lever une ar-

mée et de faire tous ses préparatifs.
Déjà l'armée d'Absalon était en vue, et
la bataille allait s'engager, lorsque les
amis du roi l'engagèrent à ne pas assister au combat. David se retira donc
dans une ville voisine, après avoir confié
à Joab le commandement de ses troupes.
Mais en se retirant il prit soin de re-
commander à Joab et aux autres chefs
d'épargner Absalon, et de ne pas atten-
ter à ses jours.

133. Défaite d'Absalon ; il reste suspendu à un arbre.

Le combat fut opiniâtre des deux
côtés ; mais Dieu était avec David, et la
victoire resta à ses troupes. Celles d'Absalon tournèrent le dos, et vingt-deux
mille restèrent parmi les morts. Absalon, monté sur un mulet, fuyait à toute
bride. Ses cheveux étaient longs et
épars : or, au moment où dans sa course
il passait sous un chêne touffu, sa chevelure s'embarrassa dans les branches,
et il y demeura suspendu, pendant que

son mulet, passant outre, continuait à
fuir.

134. Mort d'Absalon.

Un soldat, qui vit Absalon ainsi suspendu, mais qui n'osa pas lui faire
aucun mal, alla en porter la nouvelle à
Joab, qui lui dit avec colère : Pourquoi
n'avoir pas percé le cœur de ce fils rebelle ? — C'est qu'en ma présence, répondit le soldat, le roi vous a ordonné
de l'épargner. — Quant à moi, reprit
Joab, je ne l'épargnerai point. Il prit
alors trois lances, et en perça Absalon.
Comme ce dernier, toujours suspendu
au chêne, respirait encore, les hommes
d'armes de Joab l'achevèrent, en le
perçant de mille coups.

135. David pleure son fils rebelle.

Cependant David attendait l'issue du
combat aux portes de la ville, et témoi-
gnait la plus grande inquiétude sur le
sort de son fils. Lorsqu'il eut appris la
déroute des ennemis et la mort d'Ab-

salon, bien loin de se réjouir de la victoire que ses armes venaient de rem-
porter, il pleura amèrement le fils qu'il
venait de perdre. En proie au plus violent
chagrin, il parcourait à grands pas
la salle à manger, et s'écriait de temps
en temps : Absalon mon fils ! mon fils
Absalon ! que ne puis-je donner ma vie
pour sauver la tienne, Absalon mon
fils, mon fils Absalon !

136. Mort de David.

David entreprit encore plusieurs
guerres heureuses contre les Philistins.
Après avoir réglé toutes ses affaires
intérieures et extérieures, il passa le
reste de ses jours dans la paix la plus
florissante; et comme ses infirmités,
jointes à son extrême vieillesse, l'em-
pêchaient de donner tous ses soins aux
affaires de son royaume, il institua Salomon héritier de son trône. Celui-ci fut
sacré par le grand-prêtre et prit le titre
de roi, du vivant même de son père.
David rendit le dernier soupir entre ses

bras, après lui avoir donné les conseils les plus salutaires sur le gouvernement de son royaume.

137. Salomon demande à Dieu la sagesse.

Dieu, qui chérissait Salomon, lui apparut pendant son sommeil, et lui permit de choisir ce qu'il désirait. Salomon, méprisant tout le reste, ne demanda que la sagesse. Ce choix plut à Dieu, qui lui octroya plus qu'il n'avait demandé ; car il lui donna non-seulement une grande sagesse, mais encore la gloire et les richesses, qu'il n'avait pas désirées.

138. Jugement difficile déféré à Salomon.

Quelque temps après, Salomon eut occasion de montrer toute la sagesse que Dieu lui avait départie. Deux femmes, qui habitaient la même maison, mirent au monde un fils le même jour. Trois jours après, l'un de ces enfants mourut pendant la nuit : sa mère s'empara du fils de l'autre femme pendant son sommeil, et y substitua le sien. Une violente querelle s'éleva alors entre les deux femmes, qui en appelèrent à la décision de Salomon.

139. Sentence de Salomon.

Comme il n'y avait aucun témoin, la question était épineuse et très-obscure. Mais le roi, voulant connaître la vérité : Que l'on coupe en deux, dit-il, l'enfant qui cause cette dispute, et que chacune des deux femmes en prenne une moitié. La mère supposée approuva cet arrêt ; mais l'autre s'écria : Je vous en conjure, ô grand roi ! que mon enfant ne soit point mis à mort ; j'aime mieux le voir tout entier entre les mains de cette femme. Le roi dit alors : Celle-ci est évidemment la mère de l'enfant. Et il le lui adjugea. Chacun admira la rare sagesse du roi.

140. Construction du temple de Jérusalem. An du monde 3000.

Salomon fit construire à Jérusalem un

temple tout brillant d'or, d'argent et de
pierres précieuses, et y déposa l'arche
d'alliance. Les rois ses voisins, charmés
de sa rare sagesse, recherchèrent son
amitié et firent alliance avec lui. La
reine de Saba quitta son royaume, et
vint à Jérusalem pour le voir. Ainsi Salomon, comblé de richesses et de déli-
ces, continuait à régner dans la paix la
plus profonde.

**141. Salomon, devenu vieux, s'abandonne au
désordre et au culte des idoles.**

Salomon se laissa bientôt aller à la vo-
lupté; et comme rien n'est plus opposé
à la vertu que cette passion, il perdit
la sagesse. Quoique déjà vieux, il aima
des femmes étrangères qui l'entraînèrent à sacrifier aux dieux des Gentils.
Dieu irrité lui déclara que son fils serait
privé de la plus grande partie de son
royaume, qui serait donnée à un esclave C'est ce qui arriva.

142. Roboam, fils de Salomon, aigrit le peuple.

Roboam, qui succéda à son père

Salomon, perdit par son imprudence un empire que les fautes de son père avaient déjà fortement ébranlé. Le peuple, ne pouvant supporter plus long-temps un impôt fort lourd que Salomon avait mis sur lui, en demanda la diminution. Les vieillards voulaient que Roboam donnât satisfaction au peuple; les jeunes l'en dissuadaient. Le roi, se rendant à ce dernier avis, rejeta la demande du peuple, et le renvoya avec de dures paroles.

143. Roboam est abandonné par dix tribus qui se choisissent un roi.

Une révolte eut lieu : dix tribus se séparèrent de Roboam, et choisirent pour roi Jéroboam, de la tribu d'Ephraïm. Ainsi deux tribus, celles de Juda et de Benjamin, restèrent seules fidèles à Roboam. Il y eut donc deux royaumes : le royaume de Juda, et le royaume d'Israël. Jéroboam, voulant détourner son peuple de se rendre à Jérusalem, établit une religion nouvelle, et l'engagea à sacrifier aux faux dieux.

144. Courte durée et fin du royaume d'Israël.

Le royaume d'Israël fut de courte durée, parce que tous ses rois furent impies. Des prophètes vinrent souvent, de la part de Dieu, les avertir et les engager à rentrer dans la vraie religion; mais ils furent sourds à tous ces avertissements; et non contents de faire endurer aux prophètes toutes sortes d'outrages et de tourments, ils les firent mourir. Aussi Dieu courroucé les abandonna au pouvoir de leurs ennemis. Ils furent vaincus par le roi des Assyriens, qui emmena captives en Assyrie les dix tribus.

145. Histoire de Tobie.

Tobie était un des nombreux Israélites qui furent emmenés captifs en Assyrie. Dès son jeune âge il observait exactement la loi de Dieu, et quoique enfant, il agissait en homme. Pendant que tous adoraient les veaux d'or que Jéroboam avait fait élever, seul il les fuyait, et allait au temple du vrai Dieu pour l'y adorer.

146. Tobie demeure fidèle au Seigneur au milieu des païens.

Tobie, s'étant marié, eut un fils qu'il éleva dans la crainte du Seigneur et dans la fuite de tout péché. Quoique captif, il resta toujours fidèle à Dieu. Chaque jour il distribuait à ses compagnons de captivité les biens qui lui restaient, et il leur donnait les avis les plus salutaires pour les engager à honorer le Seigneur. Il prêta généreusement à un nommé Gabélus, qui était dans la détresse, dix talents qui lui avaient été donnés par le roi.

147. Tobie ensevelit les morts au péril de sa vie.

Le nouveau roi des Assyriens, qui détestait les Israélites, les persécutait,

les mettait à mort, et défendait qu'on
les ensevelît. Au milieu de tant de
malheurs, Tobie rendait visite à ses
frères, consolait les malheureux, les ai-
dait de ses richesses, et ensevelissait les
morts. Cette conduite fut dénoncée au
roi, qui ordonna de priver Tobie de
tous ses biens, et de le mettre à mort.
Mais Tobie se cacha avec son épouse et
son fils, et se déroba ainsi à la colère
du roi.

148. Tobie, quoique détourné par ses amis,
  persévère dans la conduite qu'il s'est tracée.

Tobie ayant, un certain jour de fête,
fait préparer un grand festin, envoya
son fils chez quelques-uns de ses amis,
pour les inviter à venir partager ce repas. Le fils, à son retour, dit à son
père que le cadavre d'un Israélite gisait
au milieu de la place publique. A cette
nouvelle, Tobie court au cadavre, et
l'emporte en secret chez lui pour lui
donner la sépulture pendant la nuit. Ses
amis s'efforçaient de le détourner de ce

dessein ; mais Tobie, qui craignait Dieu plus que le roi, n'en persista pas moins dans sa résolution.

149. Tobie, devenu aveugle, souffre son malheur avec résignation.

Un jour que Tobie était fatigué de s'être livré à l'exercice de ses bonnes œuvres habituelles, il s'assit au pied d'un mur et s'endormit. Or il arriva que, pendant son sommeil, une hirondelle laissa tomber sur ses yeux de la fiente chaude, ce qui le rendit aveugle. Dieu permit ce malheur afin de le rendre un modèle accompli de patience pour la postérité. En effet, Tobie endura son affliction avec tant de résignation, qu'on ne l'entendit jamais proférer aucune plainte, et qu'il n'en persista pas moins à servir Dieu.

150. Horreur de Tobie pour le vol.

C'était la femme de Tobie qui pourvoyait aux besoins de la maison en faisant de la toile. Avec le prix de son travail elle acheta un jour un chevreau qu'elle apporta chez elle. Tobie, entendant bêler cet animal et craignant qu'il n'eût été volé, dit à sa femme : Voyez si ce chevreau n'a point été dérobé, et, dans ce cas, rendez-le à son maître, car il vaut mieux mourir que de vivre avec le produit d'un vol : tant était grande l'horreur de cet homme juste pour tout ce qui était contraire à l'équité !

151. Conseils de Tobie à son fils.

Tobie, qui sentait sa fin approcher, fit venir son fils : Mon fils, lui dit-il, écoutez les paroles d'un père qui vous chérit, et gravez-les dans votre cœur assez profondément pour qu'elles vous servent de règle de conduite dans tout le cours de votre vie : Que Dieu ait chaque jour votre première pensée, et soyez attentif à ne jamais l'offenser ni à oublier ses commandements. Dieu aura pitié de vous si vous avez pitié des pauvres : soyez donc généreux et bienfaisant autant que vos ressources vous le permettront. Avez-vous beaucoup, donnez beaucoup; avez-vous peu, donnez peu, mais de tout cœur, car la bienfaisance rachète l'homme de la mort éternelle. Fuyez le péché, et que votre cœur ni vos paroles n'en soient jamais souillés.

152. Fin des conseils de Tobie à son fils.

Mon fils, ne faites aux autres que ce que vous voudriez qu'on vous fît à vous-même. Si quelqu'un a travaillé pour vous, payez-le de suite. Recherchez les conseils de l'homme sage, et fuyez la société des méchants. Aussitôt après ma mort, donnez la sépulture à mon corps. Honorez votre mère en souvenir des maux qu'elle a endurés pendant qu'elle vous portait dans son sein; et quand elle aura cessé de vivre, ensevelissez-la auprès de moi.

153. Tobie annonce à son fils qu'il a prêté dix talents à Gabélus.

Il aussi à vous prévenir, mon fils,

6

que j'ai prêté dix talents d'argent à Gabélus, qui est maintenant établi à Rhagès, ville des Mèdes. Le jeune homme dit alors à son père : Je suivrai fidèlement tous les conseils que vous venez de me donner. Mais comment pourrai-je recevoir de Gabélus l'argent que vous lui avez prêté, puisque ni lui ni moi nous ne nous sommes jamais vus, et que je ne connais même pas le chemin pour aller en Médie? Tobie lui répondit : Gabélus m'a donné une reconnaissance; vous n'avez qu'à la lui présenter, et il vous remettra aussitôt les dix talents. Mais tâchez de trouver un homme fidèle qui puisse vous accompagner et vous guider dans votre voyage.

154. L'ange Raphaël se présente pour accompagner Tobie.

Tobie, en sortant, vit un jeun homme tout prêt à se mettre en voyage et il lui souhaita le bonjour sans savoi que c'était un ange. De quel pays êtes vous, bon jeune homme? lui dit-il.

Je suis un Israélite, répondit l'ange.—
Tobie reprit : Connaissez-vous le chemin de la Médie ? — Oui , répondit
l'ange ; et je me suis souvent arrêté chez
Gabélus , qui habite ce pays. Tobie
alors, tout joyeux , s'empresse d'annoncer cette nouvelle à son père, qui,
faisant venir ce jeune homme, lui demande si, moyennant une récompense,
il veut être le guide de son fils dans son
voyage. Le jeune homme y consentit.
Tobie fit alors ses adieux à ses parents,
et ils partirent tous deux, suivis du chien
de Tobie.

155. La mère de Tobie verse des larmes.

La mère de Tobie, en voyant son fils
s'éloigner, ne put retenir ses larmes, et
reprocha vivement à son mari d'avoir
consenti à son départ. Pourquoi, lui dit-
elle, nous avoir privés de celui qui faisait la consolation de notre vieillesse?
Mieux eût valu cent fois faire le sacrifice de cet argent qui nous prive d'un
fils qui était tout pour nous. Son mari

lui répondit : Pourquoi vous désoler ainsi ? Notre fils arrivera sain et sauf en Médie, et il retournera sans danger auprès de nous ; car Dieu enverra un ange qui le guidera dans son voyage. Calmée par ces paroles, l'épouse de Tobie cessa ses murmures.

156. Tobie est délivré d'un poisson monstrueux.

Cependant Tobie et l'ange étant arrivés sur les bords du Tigre, le jeune homme voulut s'y laver les pieds ; mais aussitôt un poisson monstrueux s'élança vers lui comme s'il eût eu l'intention de le dévorer. A cette vue Tobie, saisi de frayeur, s'écria : Mon Dieu, il s'élance sur moi! Mais l'ange lui dit : Saisissez-le, et déposez-le sur le rivage. Le poisson, ayant été tiré hors de l'eau, palpita quelques instants, et mourut. L'ange dit alors à Tobie de réserver le fiel de ce poisson comme un excellent remède ; puis ils firent cuire la chair pour se nourrir pendant le voyage.

157. Arrivée de Tobie à Ecbatane.

Les deux voyageurs arrivèrent bientôt à une ville appelée Ecbatane. Tobie dit alors à l'ange : Où irons-nous loger dans cette ville ? L'ange lui répondit : Un de vos parents, nommé Raguel, demeure ici, et nous donnera l'hospitalité. Il faut que sa fille unique devienne votre épouse. Faites-en la demande à son père, et je suis certain qu'il vous l'accordera très-volontiers ; car Dieu l'a choisie pour votre femme, et tous les biens de Raguel deviendront votre héritage.

158. Tobie est reçu par Raguel son parent.

Ils allèrent demander l'hospitalité à Raguel, qui la leur donna avec joie, et qui, à l'aspect de Tobie, dit à sa femme : Voilà un jeune homme qui ressemble beaucoup à mon parent. Puis, s'adressant à ses hôtes, il leur demanda : D'où êtes-vous, bons jeunes gens ? — Nous sommes des Israélites, et nous ha-

6*

bitons Ninive.—Connaissez-vous Tobie?
— Nous le connaissons beaucoup. Raguel commençait alors à s'étendre sur
l'éloge de Tobie, lorsque l'ange lui dit
en l'interrompant : Ce jeune homme est
le fils de celui dont vous parlez. Raguel
embrassa aussitôt le jeune Tobie avec
effusion, et lui dit : Je vous félicite, mon
fils, parce que vous avez pour père un
homme plein de bonté et de vertu. L'é-
pouse et la fille de Raguel versèrent de
douces larmes en voyant leur parent.

159. Mariage de Tobie.

Raguel, qui avait fait préparer un
grand repas, engagea ses hôtes à se mettre à table. Mais Tobie lui dit : Je ne
prendrai ni pain ni vin que vous ne
m'ayez donné votre fille pour épouse.
Raguel lui répondit : Dieu a entendu
ma prière, et c'est lui qui vous a conduit ici pour que vous épousiez ma fille ;
je vous la donne donc dès aujourd'hui de
grand cœur. Puis ils firent et signèrent
le contrat de mariage, et se mirent en-

suite à table, après avoir rendu grâce à Dieu.

160. Gabélus assiste aux noces de Tobie.

Sur les instances de Raguel, Tobie consentit à rester auprès de lui pendant quinze jours. Il pria donc son compagnon d'aller seul chez Gabélus, et d'en retirer l'argent que son père lui avait prêté. L'ange partit aussitôt avec les chameaux. Il alla en toute hâte à Rhagès, remit à Gabélus sa reconnaissance, en reçut les dix talents, et repartit avec lui pour assister aux noces de Tobie.

161. Inquiétude de Tobie et de son épouse.

Cependant Tobie le père était en proie à la plus vive inquiétude à cause du retard que son fils mettait dans son retour. Quelle cause peut ainsi arrêter mon enfant? disait-il avec chagrin. Gabélus est sans doute mort, et mon fils n'aura trouvé personne qui puisse lui restituer l'argent. Combien je regrette qu'il se soit éloigné de nous! Et il versait des larmes avec son épouse. Mais c'était surtout la mère que rien ne pouvait consoler. Chaque jour, quittant sa maison, elle parcourait tous les chemins par où son fils pouvait revenir, afin de l'apercevoir du plus loin qu'il lui serait possible.

162. Tobie retourne chez son père.

Les quinze jours étaient écoulés. Raguel voulait retenir Tobie pendant quelque temps encore; mais celui-ci lui dit : Je vous en conjure, permettez que je parte de suite; car, vous le savez, mes parents sont dans la plus grande inquiétude à mon égard. Enfin son beau-père ne s'opposant plus à son départ, il se mit en route avec son épouse. L'ange lui dit en marchant : A votre arrivée, rendez grâces à Dieu, et après avoir embrassé votre père, frottez-lui les yeux avec le fiel du poisson que vous avez mis à part : alors ses yeux seront guéris, et il contemplera avec joie le ciel et son fils.

163. Arrivée de Tobie.

Tobie approchait de la ville, lorsque sa mère, qui était assise, selon sa coutume, sur une colline d'où la vue s'étendait au loin, l'aperçut et courut annoncer cette bonne nouvelle à son époux. Alors le chien qui l'avait accompagné dans son voyage courut en avant, semblable à un messager, et flattait son maître en remuant la queue. Le père, sortant aussitôt, se mit à courir; mais comme il heurtait à chaque pas, il prit la main de son serviteur, et alla à la rencontre de son fils. Tous deux s'embrassèrent et versèrent des larmes d'attendrissement.

164. Guérison de Tobie le père.

Lorsqu'ils eurent rendu grâces à Dieu et qu'ils l'eurent adoré, Tobie fit asseoir son père à ses côtés, et lui frotta les yeux avec le fiel du poisson qu'il avait apporté. Une demi-heure après, il en sortit une taie semblable au blanc d'un œuf. Le fils l'arracha, et le père recouvra à l'instant même l'usage de la vue. En voyant ce miracle, tous ceux qui étaient présents chantèrent une hymne d'allégresse et de reconnaissance envers le Seigneur ; les parents de Tobie se réunirent aussi chez lui pour le féliciter sur tous les bienfaits que Dieu avait répandus sur lui.

165. L'ange Raphaël se fait connaître à Tobie.

Tobie fit ensuite à ses parents le récit de tous les services que son guide, qu'il croyait toujours être un homme, lui avait rendus ; ceux-ci lui en témoignèrent toute leur reconnaissance, et le prièrent d'accepter la moitié de l'argent qui avait été apporté. Il leur dit alors : Je suis Raphaël, un des sept anges qui entourent le trône de Dieu. C'est lui qui m'a envoyé pour que je vous guérisse ; je dois maintenant retourner auprès de lui. Quant à vous, rendez au Seigneur les grâces qu'il mérite. En prononçant ces mots, il disparut à leurs regards, et il ne reparut plus.

166. Mort paisible de Tobie. Sa postérité.

Tobie vécut encore quarante-deux ans après avoir recouvré la vue. A l'approche de sa mort, il fit venir son fils et le conjura de vivre toujours dans la crainte du Seigneur. Il s'endormit ensuite du sommeil des justes. Après sa mort, son fils se retira chez son beau-père Raguel, et lui témoigna toujours le plus entier dévoûment. Enfin il mourut lui-même dans sa quatre-vingt-dix-neuvième année. Ses vertus furent aussi le partage de ses fils et petits-fils, qui furent également chers à Dieu et aux hommes.

ROIS DE JUDA.

Jusqu'ici nous n'avons parlé que de ce qui avait rapport au royaume d'Israël. Nous allons maintenant nous occuper des rois de Juda, que nous avions laissés en arrière.

167. Abias et Asa.

A Roboam succéda Abias, son fils, dont le règne ne dura que trois ans, et qui eut pour successeur son fils Asa. Ce dernier brisa les idoles des faux dieux, et chassa les impies de son royaume. Cela le rendit agréable à Dieu, qui lui accorda une paix assez longue. Ce ne fut que longtemps après, qu'étant en guerre avec les Israélites, il les vainquit et leur prit un butin considérable.

168. Josaphat.

Josaphat devint roi après la mort de son père. Il servit toujours avec piété le Seigneur, qui, pour le récompenser, lui donna en abondance la gloire et les richesses. Cependant Josaphat se lia d'amitié avec Achab, roi impie d'Israël, et cette alliance lui devint funeste. En effet, les deux rois, ayant réuni leurs troupes, livrèrent bataille au roi de Syrie : Joab y perdit la vie, et Josaphat, qui faillit être tué aussi, n'échappa à la mort que par la protection divine. Cela doit nous apprendre tout le danger que présente la société des méchants.

169. Joram et Ochosias.

Josaphat eut pour successeur son fils Joram, qui, bien loin d'avoir la piété de son père, épousa Athalie, fille de l'impie Achab, et marcha sur les traces de son beau-père plutôt que sur celles de son père. Une maladie grave, que Dieu lui avait envoyée en punition de ses crimes, le conduisit au tombeau. Ochosias son fils, qui lui succéda, ne resta pas longtemps sur le trône ; car, à l'exemple d'une mère impie, il s'abandonna au crime, et fut tué misérablement.

7

170. Mort d'Athalie. Règne de Joas.

A la mort d'Ochosias, sa mère fit massacrer tous les princes du sang royal et usurpa le trône. Joas, un des fils d'Ochosias, échappa seul au carnage, et fut caché dans le temple avec sa nourrice. Le pontife Joïada, qui l'avait nourri et élevé secrètement, le présenta, huit ans après, aux grands et au peuple, et le rétablit dans son royaume, après avoir fait mourir Athalie.

171. Joas, oubliant la vertu, se livre au crime et meurt.

Tant que Joïada vécut, Joas, qui se laissait guider par ses conseils, ne cessa d'observer religieusement le culte de Dieu. Il consacra des sommes immenses à orner le temple. Mais le grand-prêtre étant mort, les exemples et les flatteries de ses courtisans l'entraînèrent dans le vice, et il abandonna la vraie religion. Ne se souvenant plus des grandes obligations qu'il avait à Joïada, il fit lapider son fils qui lui faisait de sages remontrances. Mais lui-même, quelque temps après, fut tué dans son lit par ses propres sujets, et on ne lui accorda pas même les honneurs de la sépulture royale.

172. Amasias.

La mort de Joas mit la couronne sur la tête d'Amasias son fils, qui, ayant levé à grands frais une armée considérable, envahit l'Idumée. Mais un prophète vint l'engager à compter plutôt sur le secours divin que sur le grand nombre de ses troupes. Ayant donc renvoyé la majeure partie de ses guerriers, il engagea le combat avec une petite poignée de soldats, et remporta une éclatante victoire. Mais dans la suite, fier de sa victoire, il abandonna le vrai Dieu; aussi, après avoir perdu son armée, il tomba au pouvoir du roi de Samarie, qu'il avait eu la témérité de provoquer.

173. Osias et Joathan.

Osias, fils et successeur d'Amasias, soumit les Philistins avec le secours de Dieu, et fut victorieux des Arabes. Mais bientôt l'orgueil entrant dans son cœur, il usurpa la fonction des prêtres : il ne craignit pas d'offrir de l'encens à Dieu, ce qui n'appartenait qu'aux familles sacerdotales ; et étant demeuré sourd aux remontrances du grand-prêtre, il fut frappé d'une maladie honteuse appelée *lèpre*. Il se vit donc forcé de céder les rênes du royaume à son fils, qui les tint d'une main ferme et gouverna avec sagesse.

174. Achas.

Achas, fils de Joathan, impie envers le Dieu de ses pères, sacrifia aux dieux des Gentils, et bientôt toute la ville l'imita. Aussi Dieu, qui le haïssait, permit que les rois de Samarie et de Syrie remportassent sur lui une victoire éclatante, et cette défaite ne le ramena pas à de meilleurs sentiments. Bien plus, il ne rougit pas de mendier le secours des Assyriens, et de dépouiller le temple de tout l'or et l'argent qui s'y trouvait pour l'envoyer en présent au roi d'Assyrie. Celui-ci vint à son secours, et d'abord défit les ennemis d'Achas; mais ensuite il tourna ses armes contre celui qui l'avait appelé, et porta le ravage dans son royaume.

175. Règne d'Ezéchias. Sa piété.

La piété d'Ezéchias fut tout-à-fait exemplaire. A son avénement au trône, il persuada au peuple et aux prêtres de purifier la ville des superstitions de son père; il embellit le temple, et fit revivre les anciennes cérémonies qui étaient interrompues depuis longtemps. Sa valeur dans les combats ne le céda pas à son zèle pour la religion : il remporta plusieurs victoires sur les Philistins, et affranchit les Juifs des tributs que les Assyriens leur avaient imposés.

176. Maladie et guérison miraculeuse d'Ezéchias.

Vers le même temps, Ezéchias
éprouva une longue maladie; et comme
le prophète Isaïe vint le prévenir qu'il
allait mourir, le roi supplia le Seigneur
avec larmes de prolonger ses jours.
Emu par tant de prières et de larmes,
Dieu lui promit qu'il vivrait encore
quinze ans; et pour ne lui laisser aucun
doute, l'ombre du soleil, ainsi que le
roi l'avait demandé, rétrograda de dix
lignes sur son cadran. Au bout de trois
jours la guérison d'Ezéchias fut complète et il se rendit au temple pour
remercier Dieu.

177. Siége de Jérusalem; sa délivrance miraculeuse.

Ensuite Ezéchias fut attaqué par le
roi des Assyriens qui vint mettre le siége
devant Jérusalem, et menaça de la détruire de fond en comble, si les habitants n'évitaient ce malheur par une

prompte soumission. Dans cette extré-
mité, Isaïe vint trouver Ezéchias, et
lui promit qu'avec la protection de
Dieu, le siége serait bientôt levé. En
effet, dès la nuit suivante, l'ange du
Seigneur frappa de mort cent quatre-
vingt-cinq mille Assyriens. Le roi ennemi, épouvanté d'un pareil désastre,
s'enfuit dans sa patrie, où, quelque
temps après, ses propres fils l'assassi-
nèrent.

178. Mort d'Ezéchias.

Après avoir échappé à un aussi grand
danger, Ezéchias vit le reste de ses jours
s'écouler dans une profonde paix. Dieu
le soutenant, toutes ses entreprises
étaient couronnées par le succès. Aussi,
plein de reconnaissance envers le Seigneur pour tous les bienfaits qu'il en
avait reçus, il fut constamment un modèle de piété; il mit en Dieu toutes ses
espérances, et n'eut jamais en vue que
ce qui lui était agréable. Enfin, après
un règne de vingt-neuf ans, il s'endormit
du sommeil de la mort. Son peuple,

désolé, plaça son corps au milieu des tombeaux de ses prédécesseurs, mais dans un endroit plus élevé.

179. Crimes de Manassès ; il est jeté en prison, et fait pénitence.

Après Ezéchias le trône fut occupé par Manassès, fils unique d'un père vertueux. Celui-ci, désertant le culte du vrai Dieu, brûla de l'encens devant les idoles. Sa cruauté égala son impiété : en effet, furieux de ce que le prophète Isaïe le menaçait de la vengeance céleste, il le fit couper en deux avec une scie de bois. Mais bientôt Dieu tira une vengeance éclatante de la mort de son prophète : Manassès fut battu et pris par les Assyriens qui le chargèrent de chaînes. Ce malheur lui ouvrit les yeux : il implora la miséricorde du Seigneur, qui lui pardonna ses crimes et le rétablit sur son trône, où il devint dans la suite un modèle de piété.

180. Mort d'Amon après un règne très-court.
Piété de Josias son fils.

Amon, fils de Manassès, fut aussi
impie que son père; mais il ne l'imita
pas dans sa pénitence. Après un règne
de deux ans, il fut assassiné dans son
palais par ses propres sujets. Josias, son
successeur, fut un roi pieux et de mœurs
pures. Il pratiqua la vertu dès sa plus
tendre enfance, et rétablit le culte du
vrai Dieu parmi son peuple. Mais, dans
la suite, sa témérité le conduisit à sa
perte : méprisant les avis du Seigneur
qui lui ordonnait de ne pas livrer bataille aux Égyptiens, il combattit néan-
moins; aussi fut-il vaincu, et quelques
jours après il mourut des suites d'une
blessure qu'il avait reçue dans la
mêlée.

181. Règne de Jéchonias et de ses deux frères.

Josias avait laissé trois fils. Joachas,
l'un d'eux, après un règne de trois mois,
tomba au pouvoir des Assyriens. Ce fut

sous Jéchonias, son successeur, que Nabuchodonosor, roi de Babylone, s'empara de Jérusalem, emmena à Babylone tous les habitants, ne laissant que le plus bas peuple, auquel il dŏnna pour roi Sédécias. Mais celui-ci s'étant révolté, Nabuchodonosor irrité détruisit la ville de fond en comble, brûla le temple, fit crever les yeux à Sédécias, et le jeta dans une prison.

182. Daniel et ses compagnons sont élevés à la cour de Nabuchodonosor.

Parmi les Juifs emmenés en captivité à Babylone, on avait choisi quelques enfants d'une beauté merveilleuse ; ils se nommaient Daniel, Ananias, Misaël et Azarias. On les élevait avec plusieurs autres à la cour du roi, pour assister dans la suite à ses repas et le servir à table. Afin de conserver leur beauté, Nabuchodonosor voulait qu'on leur servît la même nourriture qu'à lui. Mais ces généreux jeunes gens, fidèles à la loi de Dieu, refusèrent ces aliments

profanes, et se nourrirent seulement
de légumes. Cependant leur santé devint
plus robuste , leur beauté plus mâle
que celles des autres enfants qui faisaient usage des mets les plus exquis.

183. Les trois jeunes hommes sont jetés dans
une fournaise.

Nabuchodonosor , s'étant fait élever
une statue d'or , voulut que tout son
peuple se prosternât devant elle, menaçant de faire mourir ceux qui s'y re-
fuseraient. Ananias , Misaël et Azarias
aimèrent mieux s'exposer à une mort
certaine , plutôt que de rendre à une
statue des honneurs qui ne sont dus
qu'à Dieu. Le roi courroucé les fit
charger de chaînes et jeter tout habillés
dans une fournaise ardente; mais la
flamme ne les atteignit point, et ne
changea même pas la couleur de leurs
vêtements. Elle réduisit seulement en
cendres les liens dont ils étaient chargés , en sorte qu'ils se promenaient
au milieu des flammes , sans en être
atteints.

184. Daniel est jeté dans une fosse aux lions.

La rare prudence de Daniel l'avait
mis en faveur auprès du roi ; aussi les
courtisans, qui le détestaient, lui ten-
daient toute sorte de piéges. Par leur
conseil, le roi rendit un édit qui ordonnait que, pendant trente jours, on
n'adorât pas d'autre Dieu que lui-même.
Loin d'obeir à cet ordre impie, Daniel
continua chaque jour à rendre ses hommages au vrai Dieu. Il fut bientôt dé-
noncé par les courtisans qui épiaient
toutes ses démarches ; et le roi, quoique à regret, le fit jeter dans une fosse
aux lions, ainsi que le prescrivait la loi.
Mais ces animaux ne lui firent aucun
mal ; et Nabuchodonosor, frappé d'un
tel prodige, fit dévorer par les lions les
accusateurs de Daniel.

185. Histoire d'Esther, femme d'Assuérus.

Mardochée, un des Juifs qui étaient
captifs, délivra ses concitoyens d'un

grand danger. Il avait élevé une jeune
orpheline, nommée Esther, qui était
la fille de son frère, et que le roi Assuérus avait épousée. A la cour du roi
était alors un courtisan nommé Aman,
qui, fier du grand crédit dont il jouissait
auprès de son maître, voulut se faire
adorer. Mardochée, ayant refusé de lui
rendre cet hommage, s'était attiré
toute sa haine. Aussi Aman, dans l'intention de se venger, résolut de perdre
toute la nation juive, et obtint du roi
Assuérus un édit de proscription.

186. Mardochée révèle à Esther le danger qui menace son peuple.

Mardochée, ayant eu connaissance
de cet édit cruel, déchira ses vêtements,
se revêtit d'un sac, se couvrit de cendres, et fit retentir tout le palais de ses
gémissements. Esther, qui les entendit,
demanda bientôt ce que c'était; et ayant
appris que tous les Juifs, et Mardochée
avec eux, étaient destinés à périr, elle
implora le secours de Dieu et se rendit

auprès du roi pour le prier d'épargner
sa nation. Cependant elle ne voulut pas
d'abord faire connaître ses intentions
au roi ; mais elle se contenta de l'inviter
à un grand festin.

187. Aman tombe en disgrâce. Sa mort honteuse.

Dès qu'Assuérus eut pris sa place à
table avec Aman, Esther, qui vit son
époux de bonne humeur, se jeta à ses
pieds et les arrosa de ses larmes. Le roi
la releva avec bonté, et lui promit de
ne rien lui refuser, quand même elle
exigerait la moitié de son royaume.
Esther lui répondit : Seigneur, je ne
demande que le salut de mon peuple,
et le mien ; car le cruel Aman, qui est
à vos côtés, nous a tous dévoués à la
mort. Assuérus fut attendri par les sup-
plications de son épouse chérie ; et
comme on vint lui dire qu'une potence
avait été préparée pour Mardochée, il
y fit attacher Aman lui-même.

188. Prise de Babylone par Cyrus, roi des Perses. Mise en liberté des Juifs. An du monde 3470.

Ainsi que Dieu l'avait annoncé, la captivité de Babylone dura soixante-dix ans. Au bout de ce temps, Cyrus, roi des Perses, après s'être emparé de Babylone, renvoya les Juifs dans leur patrie, et leur permit de rebâtir le temple; il leur restitua aussi les vases sacrés dont Nabuchodonosor s'était emparé. Alors les Juifs, conduits par Zorobabel, revinrent à Jérusalem, et jetèrent les fondements d'un nouveau temple dont la construction fut long-temps retardée par les obstacles que leur suscitèrent les peuples voisins.

189. État des Juifs après leur retour dans leur patrie.

De retour à Jérusalem qu'ils rebâtirent, les Juifs furent gouvernés par des pontifes, et non par des rois. Cependant ils furent contraints de payer un tribut d'abord aux Perses, puis aux Grecs, après que Darius eut été vaincu par Alexandre. Et jamais, dans la suite, ils n'abandonnèrent le culte de leurs pères, quoique pour cette raison ils aient eu à souffrir de grandes persécutions de la part de plusieurs princes, et surtout d'Antiochus, roi de Syrie. Nous allons maintenant raconter cette partie de l'histoire des Juifs.

190. Histoire des Machabées.

Antiochus, roi de Syrie, voulant renverser la loi sacrée des Juifs, leur enjoignit de déserter les institutions de leurs pères, pour suivre le culte des Gentils. Il fit ériger des autels aux faux dieux par toute la Judée, dépouilla le temple de Jérusalem, livra aux flammes les livres sacrés, fit mourir dans d'horribles supplices ceux qui refusaient d'obéir à ses ordres, mit la ville à feu et à sang; et dans la crainte que les Juifs, accablés de tant de maux, ne se révoltassent, il mit une forte garnison dans la citadelle.

191. Constance d'Eléazar.

La crainte du danger fit exiler un
grand nombre d'habitants ; plusieurs
autres préférèrent marcher à la mort
plutôt que de violer la loi divine. De ce
nombre fut Eléazar, vieillard qui se fit
remarquer par sa constance. On alla
jusqu'à lui ouvrir la bouche pour le
contraindre à manger de la chair de
porc, qui était interdite aux Juifs. Mais
ce courageux vieillard rejeta avec indignation cette nourriture défendue. Pendant qu'on le traînait au supplice, ses
amis l'engageaient à feindre de se rendre
aux ordres du roi, en substituant aux
viandes défendues d'autre viande qu'ils
avaient apportée, et de se soustraire
ainsi à la mort.

192. Mort d'Eléazar.

Mais Eléazar rejeta avec indignation
ces conseils pervers : Notre âge ne nous
permet point une pareille feinte, s'é-

cria-t-il. Loin de moi l'idée de laisser à
la jeunesse un exemple aussi pernicieux !
Mieux vaut mourir que de flétrir un
nom sans tache pour me conserver quelques jours d'existence. En me rendant
à vos conseils, j'échapperai sans doute
aux supplices des hommes ; mais la colère de Dieu saura bien m'atteindre. En
disant ces mots, il marcha courageu-
sement à la mort, et acquit une gloire
immortelle.

193. Mort exemplaire d'une femme et de ses
sept enfants.

L'exemple d'Eléazar fut imité par une
femme et ses sept fils. Pris tous ensemble, on les frappa de verges pour les
forcer à commettre un péché. Mais leur
courage résista à toutes les épreuves.
L'aîné déclara au nom de ses frères qu'ils
étaient tous prêts à marcher à la mort
plutôt que d'enfreindre les lois de Dieu.
Le roi, enflammé de colère, fit préparer des chaudières bouillantes ; puis
les bourreaux, s'emparant de celui qui

venait de parler, lui arrachèrent la langue et la peau de la tête, lui coupèrent les mains et les pieds, et jetèrent son corps ainsi mutilé dans une chaudière bouillante. Ses frères et sa mère, présents à cet horrible spectacle, s'encourageaient mutuellement à subir à leur tour la mort avec constance. — On prit ensuite le second, on lui arracha la peau de la tête avec les cheveux; et comme il refusa encore de manger les viandes qu'on lui présentait, on le jeta aussi dans une chaudière bouillante, après lui avoir coupé les membres. Au moment de rendre le dernier soupir, il dit au roi : Vous nous enlevez la vie; mais Dieu, pour qui nous la perdons, nous la rendra. — Le troisième subit les mêmes tourments. Au premier signe de celui qui devait lui couper la langue, il la lui présenta ainsi que ses mains, en disant : Ces membres, que j'ai reçus de Dieu, je les lui donne de bon cœur, espérant qu'ils me seront rendus. Le roi et tous ceux qui étaient présents étaient dans l'admiration, en voyant ce jeune homme souffrir sans se plaindre les tourments les plus atroces.—Le quatrième mourut aussi dans les mêmes tourments. En expirant, il s'écria : Nous sommes heureux de mourir pour la loi divine, car cette mort nous donne l'immortalité. — Le cinquième dit au roi, au milieu des plus affreux supplices: Vous abusez de votre pouvoir : croyant que Dieu nous a tout-à-fait délaissés et privés de tout secours, vous nous accablez de toutes sortes de maux ; mais bientôt vous-même éprouverez combien Dieu est puissant.—Ce fut avec le même courage que le sixième endura les tourments dont on l'accabla. Près d'y succomber, il dit au roi : Vous n'avez pas lieu de vous glorifier de nos tourments : c'est pour nos péchés que nous souffrons tous ces maux ; mais bientôt Dieu nous rendra ses bonnes grâces, tandis que votre orgueil et votre cruauté attireront sur votre tête le châtiment le plus terrible. — Des sept frères il ne restait que le plus jeune. Antiochus fit briller à ses yeux le bonheur et les richesses qui l'attendaient, s'il voulait abandonner la loi de son Dieu ; mais ni les promesses ni les menaces ne firent impression sur le cœur de ce courageux jeune homme. Alors le roi engagea la mère à persuader à son fils d'obéir à ses ordres ; mais celle-ci, méprisant ce tyran cruel, dit à son fils : Ayez pitié, mon fils, ayez pitié de votre mère, de celle qui vous a porté dans son sein et qui vous a nourri de son lait ; imitez le courage de vos frères. Ce n'est pas ce tyran, c'est Dieu seul que vous devez craindre, car c'est lui qui vous récompensera. Le jeune homme, que ces paroles avaient encore affermi dans sa résolution, s'écria : Je ne dois pas obéissance au roi, mais à la loi. Puis s'adressant à Antiochus : Scélérat ! lui dit-il, ne crois pas pouvoir échapper à la vengeance du Dieu tout-puissant. Un jour viendra où, vaincu par la souffrance, tu reconnaîtras que tu n'es qu'un simple mortel. Ce sont les péchés de ma nation qui l'ont plongée dans cet abîme de maux : mais bientôt Dieu, que le

sang de mes frères et le mien apaisera,
se réconciliera avec notre peuple, et
nous accordera à nous une vie éternelle,
après que nous aurons souffert la mort
avec courage. Alors Antiochus, furieux
de se voir ainsi traité, fit endurer à ce
jeune homme des supplices encore plus
atroces qu'à ses frères, et le fit mourir
au milieu de tourments jusqu'alors
inouïs. — Enfin le martyre de la mère
vint se joindre à celui de ses sept enfants. Cette femme admirable, et dont
le souvenir sera éternel, après avoir
soutenu ses enfants de la voix et du
geste ; après les avoir vus mourir avec
courage, souffrit à son tour une mort
cruelle, et son sang se mêla avec celui
de ses enfants.

194. Courage de Mathathias et de ses enfants.

Dans le même temps vivait à Jérusalem un prêtre nommé Mathathias,
avec ses cinq enfants, Judas, Jonathas,
Simon, Eléazar et Jean. Ne voulant pas
être témoins des souffrances de leurs

concitoyens, ils quittèrent la ville, et se
réfugièrent dans une solitude. Leur re-
traite fut bientôt peuplée par une foule
d'hommes dévoués au culte du vrai Dieu,
et qui formèrent une armée considérable. Alors, choisissant Mathathias
pour leur chef, ils consacrèrent leurs
armes à la délivrance de leur patrie et
à la défense de leur religion. Ils renver-
sèrent donc tous les autels érigés en
l'honneur des fausses divinités, et réta-
blirent le culte du vrai Dieu.

195. Mort de Mathathias. Premiers faits d'armes de Judas Machabée.

Mathathias, en mourant, donna le commandement de son armée à Judas son
fils, qui fut surnommé Machabée, et
qui poursuivit avec succès l'œuvre com-
mencée par son père. Doué de toutes les
qualités d'un bon général, et confiant
dans le secours divin, il prit d'assaut
des châteaux forts, mit des garnisons
dans les villes, vainquit et tua de sa
propre main Apollonius, général d'An-

tiochus, et lui enleva son épée dont il se
servit, dans la suite, dans tous les combats qu'il eut à soutenir.

196. Victoire de Judas Machabée sur Nicanor.

La nouvelle de la défaite d'Apollonius
mit Antiochus en fureur ; il ordonna à
Lysias de mettre toute la Judée à feu et
à sang, et d'en exterminer tous les habitants. En conséquence, Lysias envoya
en Judée quarante mille fantassins et
sept mille cavaliers sous la conduite de
Nicanor et Gorgias, qui vinrent camper
sous les murs de Jérusalem. Judas, qui
mettait toute son espérance en Dieu, et
qui n'avait que trois mille hommes,
n'en livra pas moins la bataille avec cette
poignée de soldats, mit dans une déroute complète l'armée d'Antiochus, et
fit sur elle un riche butin.

197. Victoire de Judas sur Lysias.

A la nouvelle de cette défaite, Lysias,
qui crut ne devoir l'attribuer qu'à l'i-

neptie des généraux, résolut de commander lui-même l'armée. Il envahit donc la Judée avec soixante-cinq mille hommes. Judas, qui n'en avait que dix mille à lui opposer, vint cependant à la rencontre de Lysias, lui livra bataille après avoir imploré le secours divin, lui tua cinq mille hommes, et jeta la consternation parmi les autres qui prirent la fuite.

198. Judas purifie le temple qui avait été profané par les infidèles.

Tous ses ennemis étaient en fuite. Judas voulut alors rétablir le culte divin; il entra victorieux dans Jérusalem, qui n'offrait plus qu'un monceau de ruines. Les portes du temple avaient été brûlées, l'autel souillé, et des ronces croissaient sous les portiques comme dans une forêt. Judas purifia tout. Il fit refaire les portes, et construisit un nouvel autel dont la dédicace eut lieu au son des trompettes, au milieu d'un concours immense de peuple; et en mémoire de

cet événement, on arrêta que, chaque
année, un jour solennel serait consacré
à la célébration d'une pareille céré-
monie.

199. Dieu se montre ouvertement le protecteur de Judas Machabée.

Le rétablissement du temple souleva
toutes les nations voisines, qui conspi-
rèrent la perte des Juifs. Judas Machabée leur livra bataille. C'est dans cette
action que Dieu donna des marques sen-
sibles de la protection qu'il accordait à
Judas. Cinq guerriers, remarquables
par leurs chevaux et par leur valeur,
parurent dans la mêlée; deux d'entre
eux, ayant Judas au milieu d'eux, dé-
tournaient les coups qu'on lui portait,
et lançaient des traits et des foudres sur
les ennemis qui, épouvantés, laissèrent
vingt-cinq mille des leurs sur le champ
de bataille.

200. Dieu frappe Antiochus.

A la nouvelle de la défaite de ses gé-

néraux, Antiochus, furieux, vola en
Judée dans le dessein de laver son af-
front dans le sang des Juifs et la des-
truction de leur ville. Mais il fut arrêté
subitement par une violente douleur
d'entrailles que Dieu lui envoya, et
comme il ne ralentissait pas sa course,
il fut renversé de son char. Sa maladie
fut encore augmentée par cette chute.
Des milliers de vers rongeaient ses
membres, et une odeur insupportable à
l'armée et au malade lui-même s'exha-
lait de son corps à demi corrompu.

201. Mort d'Antiochus.

La douleur qu'éprouvait Antiochus
le ramena à de meilleurs sentiments. Il
reconnut qu'il n'était qu'un simple mortel ; et en pensant à tous les maux qu'il
avait fait endurer aux Juifs, il déclara
hautement qu'il payait la peine due à
ses crimes, et promit de rendre aux Juifs
la paix et le bonheur. Mais comme cette
promesse lui était arrachée par la crainte
de la mort plutôt que par une vraie con-

trition, ce prince impie et homicide mourut au milieu des souffrances les plus aiguës, sans avoir pu fléchir la miséricorde divine.

202. Seconde victoire de Judas Machabée sur Lysias.

Eupator, qui succéda à Antiochus son père, partagea sa haine contre les Juifs, et envoya contre eux Lysias, qui brûlait d'effacer par une victoire la honte de sa défaite. Selon sa coutume, Judas implora l'assistance du Seigneur, et le pria d'envoyer son ange pour assister son peuple. Puis il marcha avec toutes ses forces à la rencontre de l'ennemi. Alors les Juifs virent marcher à leur tête un cavalier couvert d'une tunique blanche, ayant des armes étincelantes d'or, et agitant une lance. Encouragés par ce prodige, ils se jetèrent comme des lions sur leurs ennemis, et tuèrent onze mille fantassins et seize cents cavaliers.

203. Eupator entre lui-même en Judée avec
une formidable armée.

Le roi Eupator lui-même, voulant
écraser Judas Machabée, réunit toutes
les forces de son empire, et entra en
Judée avec cent mille fantassins et vingt
mille cavaliers. Il était précédé par des
éléphants, dont la masse énorme et les
cris horribles répandaient l'épouvante
sur tout leur passage. Chacun d'eux avait
sur le dos une tour en bois, d'où com-
battaient des soldats armés. Mais Judas,
sans être effrayé par tout cet attirail de
guerre, et mettant sa confiance dans le
Seigneur plus que dans le nombre de ses
troupes, s'élança sur le camp ennemi,
du côté où était plantée la tente du roi,
fit mordre la poussière à quatre mille
hommes, et mit le reste en fuite.

204. Trait de courage d'Éléazar, frère de Judas
Machabée.

Dans cette action, Eléazar se distin-
gua par un trait de courage qui lui fit

8*

perdre la vie. Celui-ci, voyant un éléphant plus grand que les autres et couvert des caparaçons royaux, et pensant qu'il portait le roi, se dévoue pour le salut de ses concitoyens. Il se fait jour à travers les ennemis, se glisse sous le ventre de cet animal, le frappe de mille coups, et périt lui-même sous le poids de l'éléphant qui, dans sa chute, tombe sur lui.

205. Impiété de Nicanor, sa défaite, sa mort.

Démétrius, qui venait de s'emparer de la Syrie, ordonna à Nicanor de marcher contre les Juifs. Ce général impie ne craignit pas de dire, en montrant le temple avec la main droite, qu'il le détruirait de fond en comble. Judas, quoique suivi d'un petit nombre de guerriers, lui livra bataille. Tout en combattant avec courage, les Juifs priaient Dieu du fond de leurs cœurs. L'armée entière des ennemis fut exterminée. Nicanor lui-même fut trouvé parmi les morts, et Judas fit transporter sa tête à Jérusalem et attacher au temple sa main criminelle.

206. Mort de Judas Machabée.

Bientôt une seconde bataille s'engagea avec Bachide, lieutenant de Démétrius : dans ce combat les Juifs firent une perte irréparable. N'ayant pas mis leur confiance en Dieu, le courage leur manqua, et ils s'enfuirent dans toutes les directions. Judas, avec huit cents hommes qui étaient restés fidèles, soutint cependant tous les efforts de l'ennemi et mit même en fuite l'aile qui lui était opposée; mais bientôt, enveloppé de toutes parts, il succomba et périt en combattant vaillamment. La douleur publique qui accompagna ses funérailles prouva combien il avait su s'attirer l'amour de ses concitoyens, qui le pleurèrent longtemps.

207. Mort de Jonathas, successeur de Judas Machabée.

Jonathas, qui remplaça Judas dans

le commandement, se montra le digne successeur de son frère. Il remporta plusieurs victoires sur Bachide, qu'il contraignit à lui demander la paix. Dans le même temps, Démétrius fut tué par Alexandre qui se faisait passer pour le fils d'Antiochus. Celui-ci fit un traité de paix avec Jonathas, lui envoya en présent une robe de pourpre, et conserva toujours son alliance. Aussi, pendant tout le règne d'Alexandre, les Juifs vécurent en paix. Quelque temps après, Jonathas périt dans une embuscade que lui dressa un Juif nommé Triphon.

208. Simon succède à Jonathas; sa mort; son successeur.

Ce fut à Simon, frère de Jonathas, que fut confié le pouvoir suprême; il n'en jouit pas longtemps. Après avoir fait rendre à son frère les devoirs funèbres avec la plus grande magnificence, il périt lui-même, victime de la trahison de son gendre. Jean Hircan, son fils et son successeur, après un règne d'un an, eut pour héritier Aristobule son fils. Le premier depuis la captivité des Juifs, ce prince prit le nom de roi, et plaça la couronne sur sa tête.

209. Les Juifs tributaires des Romains. Hérode, roi. Naissance du Messie, an du monde 4000.

A la mort d'Aristobule, le trône fut occupé par son fils Alexandre. Ce prince étant mort après un règne fort peu remarquable, ses deux fils se disputèrent sa succession. Cette querelle donna à Pompée, général des Romains, l'occasion d'entrer en Judée sous prétexte de réconcilier les deux frères, mais réellement pour soumettre cette province; et, en effet, il rendit les Juifs tributaires du peuple romain. C'est à peu près vers le même temps qu'Hérode se mit en possession du trône de Judée. Il fut le premier prince étranger qui régna sur les Juifs, et c'est pendant son règne que Jésus-Christ vint au monde, selon que les prophètes l'avaient annoncé.

FIN DE L'ABRÉGÉ DE L'HISTOIRE SAINTE.

PRÉCIS DE LA VIE DE J.-C.

NAISSANCE, VIE ET MORT DE J.-C.

L'idolâtrie régnait dans tout l'univers, et le vrai Dieu n'était adoré que par les Juifs; encore étaient-ils divisés en plusieurs sectes. Dieu se servit donc du dénombrement que l'empereur Auguste faisait faire dans tout son empire, pour attirer une vierge pauvre, nommée Marie, à Bethléem, patrie de saint Joseph, son époux, afin de s'y faire inscrire, suivant l'ordre de l'empereur.

N'ayant trouvé d'autre asile qu'une grotte, Marie donna le jour à un fils qu'elle appela Jésus. Huit jours après sa naissance, il fut circoncis. Bientôt arrivèrent de l'Orient à Jérusalem des mages guidés par une étoile miraculeuse, et là ils s'informèrent où était né le roi des Juifs. Ayant appris que c'était à Bethléem, ils allèrent l'y chercher; et l'ayant trouvé, ils l'adorèrent; puis ils lui offrirent de l'or, de l'encens et de la myrrhe, pour indiquer qu'ils le reconnaissaient comme roi, Dieu et homme tout ensemble.

A cette nouvelle, Hérode, craignant que ce nouveau roi ne vînt lui ravir son trône, se troubla, et fit massacrer tous les enfants de l'âge de deux ans et au dessous. Mais saint Joseph, prévenu par un ange pendant son sommeil, partit cette nuit-là même avec l'enfant et sa mère pour l'Egypte, où ils résidèrent jusqu'à la mort d'Hérode arrivée l'année suivante.

A son retour, Jésus demeura à Nazareth. L'Evangile dit *qu'il était docile et soumis à ses parents, et qu'à mesure qu'il croissait en âge, il croissait aussi en sagesse et en grâce devant Dieu et devant les hommes.* A douze ans, étant allé à Jérusalem, sa mère le perdit, et ne le retrouva qu'au bout de trois jours, instruisant les docteurs dans le Temple. Depuis ce temps jusqu'à l'âge de 30 ans qu'il commença sa prédication, l'Ecriture dit seulement qu'il demeura avec sa famille, passant pour le fils d'un charpentier, vivant du travail de ses mains, et donnant continuellement des exemples de douceur et d'humilité.

Quoiqu'il n'eût pas besoin de préparation, et qu'étant la pureté même, il n'eût pas besoin d'être purifié par les eaux du baptême, il voulut cependant le recevoir de saint *Jean-Baptiste*. Ce saint Précurseur, après avoir mené dans le désert la vie d'un ange, prêchait la pénitence sur les bords du Jourdain, et baptisait tous ceux qui venaient à lui. Jésus-Christ se présenta dans la foule pour être baptisé; saint Jean-Baptiste le reconnut. Dieu même prit soin de le manifester; car il fit descendre sur lui le Saint-Esprit sous la forme d'une colombe. Après son baptême, il se retira dans le désert et y jeûna 40 jours.

Ce fut dans le désert qu'il fut tenté par le démon ; mais il se défendit toujours contre ses attaques. Il commença ensuite à prêcher, et il attira à lui plusieurs disciples en confirmant la vérité de ses doctrines par un grand nombre de miracles. Sa vie fut un exemple de toutes les vertus ; il était doux, humble de cœur, souffrait patiemment sa pauvreté, qui était si grande, qu'il ne savait où reposer sa tête. Il guérissait toute espèce de maladies. Il rendait la parole aux muets, la vue aux aveugles, l'ouïe aux sourds, ressuscitait les morts, et délivrait les possédés du démon. Les plus grands miracles qu'il fit sont la guérison du serviteur du centenier, la résurrection de la fille d'un prince de la Synagogue et celle du fils de la veuve de Naïm, la multiplication des cinq pains avec lesquels il nourrit cinq mille hommes, la guérison de l'aveugle-né, de la fille de la Chananéenne, dont il admira la foi, et la résurrection de Lazare.

Ces miracles le rendirent célèbre dans toute la Judée et aux environs ; mais pendant qu'il attirait tous les yeux et tous les cœurs, la jalousie que les docteurs de la loi en conçurent leur fit chercher les occasions de le perdre. Plusieurs fois ils lui tendirent des piéges pour pouvoir le surprendre dans ses discours ; mais Jésus-Christ, en les évitant, sut encore nous instruire ; comme lorsqu'il dit à celui qui lui demandait s'il était permis de payer le tribut

9

à César : *Qu'il fallait rendre à César ce qui ap-partient à César, et à Dieu ce qui appartient à Dieu* ; nous montrant par là l'obéissance que nous devons à nos princes, et l'obligation où nous sommes de leur payer les tributs qu'ils exigent de nous.

Il sortit donc pour quelque temps de Jéru-salem ; mais sentant que l'heure de sa mort approchait, il y revint monté sur une ânesse. Au bruit de son arrivée, tout le peuple sortit au devant de lui, pour témoigner la joie qu'il avait de sa venue ; les uns portaient des bran-ches de palmier, les autres étendaient leurs vêtements sur le chemin où il devait passer, et tous criaient : « *Vive le fils de David ! Béni soit celui qui vient au nom du Seigneur !* »

Ayant trouvé le temple rempli de gens qui vendaient et achetaient, il les en chassa en disant : « *Ma maison est une maison de prière, et non une caverne de voleurs.* »

Les pharisiens et les princes des prêtres, furieux de son entrée triomphante dans Jéru-salem, en conçurent tant de jalousie qu'ils prirent la résolution de le faire mourir. Mais comme ils n'osaient se saisir de sa personne en public, de crainte que le peuple ne se révoltât, ils cherchèrent les moyens d'exécuter leur des-sein en secret. *Judas*, un de ses douze Apôtres, le leur fournit. Poussé par une avarice détes-table, il promit de leur livrer son maître pour la somme de 30 deniers. Il saisit le moment où

Jésus-Christ, après avoir fait la cène avec ses disciples, s'était retiré dans le jardin des Olives : c'est là qu'il l'arrêtèrent.

Conduit devant le grand-prêtre Caïphe, il déclara qu'il était le Christ, fils de Dieu. A ces paroles, tous les pontifes répondirent qu'il méritait la mort, et ils l'outragèrent de la manière la plus cruelle. Ils le menèrent devant Pilate, qui seul avait le droit de confirmer la sentence ; celui-ci, ne trouvant dans J.-C. aucun crime qui méritât la mort, voulut le renvoyer absous ; il le fit battre de verges pour toucher les Juifs de compassion. Mais loin d'écouter la proposition que Pilate leur fit de délivrer J.-C., ils demandèrent sa mort avec plus d'acharnement, menaçant le gouverneur de la colère de César, s'il renvoyait J.-C., parce qu'il s'était dit roi.

Pilate alors, consultant plus son ambition que sa conscience, livra J.-C. aux Juifs pour le crucifier ; et il se contenta de dire qu'il était innocent du sang de ce juste.

On lui fit porter la croix où il devait être attaché ; mais comme il ne lui restait presque plus de force, on obligea *Simon* le Cyrénéen de lui aider à la porter. Quand il fut arrivé sur le Calvaire, il y fut crucifié entre deux voleurs. Comme on l'attachait à la croix, il pria son Père de pardonner à ses bourreaux, parce qu'ils ne savaient pas ce qu'ils faisaient. Il recommanda ensuite sa mère à saint Jean, son disciple bien-aimé; et après avoir accompli toutes les prophéties, il s'écria : *Mon Père, je remets mon âme entre vos mains;* et baissant la tête, il expira.

Ainsi fut accompli le sanglant sacrifice qui devait être le prix de la rédemption de tout le genre humain.

FIN DE LA VIE DE J.-C.

PETITE CIVILITÉ.

Tremblez à l'aspect de mon sanctuaire, dit le Seigneur. On doit donc, lorsqu'on est dans une église, s'y tenir avec respect et recueillement. Pendant la messe, il faut se tenir assis, debout ou à genoux, selon l'ordre qui s'observe; par exemple : à l'épître, on est assis ; à l'évangile, on se lève ; et pendant le reste de la messe, on se tient à genoux, mais surtout pendant que Dieu est présent sur l'autel. Il ne faut pas dire ses prières à haute voix, ni parler et s'entretenir avec ses voisins ; cela trouble les assistants, et ne convient pas au respect que l'on doit à la maison du Seigneur. Pendant la bénédiction, on doit nécessairement être à genoux, comme à l'élévation.

Il faut être attentif à ce que disent les personnes avec lesquelles on se trouve, surtout si ces personnes sont plus âgées que vous. Il n'est pas honnête de les interrompre : on doit, pour répondre, attendre qu'elles aient fini de parler ; et si la nécessité oblige de les contredire, ce qui ne doit se faire que pour rétablir la vérité, on doit auparavant s'en excuser et en demander la permission. Dans tous les cas, il faut le faire en termes polis et mesurés, et ne pas montrer trop d'acharnement à soutenir son sentiment.

Avant de se mettre à table, étant debout et découvert, on dit le *benedicite :* on dit les *grâces* quand le repas est terminé. Il faut se tenir le corps droit sur son siége, et ne mettre jamais les coudes sur la table. On ne doit point regarder les viandes avec avidité, ni témoigner, par gestes, qu'on ait faim. Il est incivil de tendre son assiette pour être servi des premiers, et demander le meilleur morceau ; il faut attendre que tous les assistants soient servis, et prendre sans répugnance ce qu'on vous offre. Quelle que soit la faim qui vous presse, ne mangez pas avec précipitation. Ne mordez pas dans votre pain, mais coupez-le avec votre couteau, ainsi que votre viande que vous devez porter à la bouche avec votre fourchette, et non avec les doigts. Il faut boire modérément, seulement pour apaiser la soif, et non pour le plaisir qu'on y trouve. Ayez soin aussi de ne pas boire la bouche pleine.

La nature a imposé, pour ce qui regarde la décence, des règles qui doivent être observées avec le plus grand soin. Que dans toutes vos paroles règne toujours la plus grande modestie ; évitez avec soin les mots qui peuvent laisser la moindre idée contraire à la décence. Fuyez les jeunes gens licencieux ; et si quelquefois vous êtes forcés de supporter leur présence, montrez, par votre visage, que leurs discours sont loin de vous faire plaisir. Dieu, dans ses commandements, défend de prendre son saint nom en vain. On doit donc s'abstenir de jurer. C'est un vice dans lequel tombent plusieurs personnes par une mauvaise habitude, s'imaginant qu'on ajoutera plus de foi à ce qu'ils disent. Et quand on défend de jurer, on entend même exclure ces jurements, tels que *pardieu*, *morbleu*, que bien des personnes se permettent à tout moment, et qui sont la marque d'une mauvaise éducation.

La curiosité est un vice qu'il faut éviter avec soin. C'est une grande incivilité de questionner et d'interroger les personnes avec lesquelles on n'est pas très-familier, surtout lorsque ces personnes sont âgées, et qu'on leur doit du respect. Écoutez attentivement ce qu'elle disent ; tâchez de mettre en pratique les conseils qu'elles donnent ; mais que la curiosité ne vous entraîne pas à leur faire des questions indiscrètes et auxquelles quelquefois elles ne doivent pas répondre.

La propreté consiste le plus souvent autant dans la convenance des vêtements que l'on porte que dans leur netteté. Il faut donc, avant tout, conformer ses habits à son âge et à sa condition. La propreté fait une grande partie de la bienséance, et sert à faire connaître les bonnes qualités d'une personne ; car il est impossible qu'en voyant sur elle des habits ridicules, on ne la croie pas atteinte du même défaut. Ayez donc toujours des vêtements propres, sans être recherchés. La propreté des habits supplée à leur beauté. Il importe peu que l'on soit richement vêtu, si on l'est proprement, et surtout si l'on a du linge blanc.—Il faut aussi avoir grand soin de se tenir la tête nette, ainsi que les yeux et les dents : cette mesure, outre qu'elle est exigée par la propreté, préserve encore de bien des maladies. On doit, en outre, se laver les mains tous les jours, et les pieds le plus souvent possible, surtout en été, pour ne pas porter avec soi une odeur forte et désagréable. Ayez soin aussi de ne pas avoir les ongles trop longs.

MAXIMES

TIRÉES DE L'ÉCRITURE SAINTE.

———

Prenez garde de ne faire jamais aux autres ce que vous seriez fâché qu'on vous fît.

Demandez toujours conseil à un homme sage. Bénissez Dieu en tout temps : demandez-lui qu'il conduise vos pas, et n'ayez que lui en vue dans toutes vos entreprises et dans tous vos desseins.

La prière qui est accompagnée du jeûne et de l'aumône vaut mieux que tous les trésors qu'on peut amasser.

L'aumône délivre de la mort ; et c'est elle qui efface les péchés, et qui fait trouver la miséricorde et la vie éternelle.

Ceux qui commettent le péché et l'iniquité sont ennemis de leur âme.

La crainte du Seigneur est le principe de la sagesse, et les insensés méprisent la sagesse et les instructions.

Si les pécheurs tâchent de vous attirer, ne vous laissez pas gagner par eux ; s'ils vous disent : Venez avec nous, et entrez en société avec nous, n'allez pas avec eux ; empêchez votre pied de marcher dans leurs sentiers.

Heureux celui qui a trouvé la sagesse, et qui est riche en prudence : la sagesse est plus précieuse que toutes les richesses du monde, et tout ce qu'on désire le plus ne mérite pas de lui être comparé.

N'empêchez pas de bien faire celui qui le peut ; faites bien vous-mêmes, si vous le pouvez.

Ne portez point envie à l'injuste, et ne l'imitez point, parce que le Seigneur a en abomination tous les trompeurs, et qu'il se communique aux simples.

Travaillez à acquérir la prudence aux dépens de tout ce que vous pouvez posséder : faites effort pour atteindre jusqu'à la *sagesse*, et elle vous élèvera ; elle deviendra votre gloire lorsque vous l'aurez embrassée.

Éloignez de vous la langue maligne, et que les lèvres médisantes soient bien loin de vous.

Paresseux, allez à la fourmi, et considérez ce qu'elle fait, et apprenez d'elle à être sage : car, quoiqu'elle n'ait ni chef, ni conducteur, ni maître, elle ne laisse pas de faire sa provision pendant l'été, et amasse pendant la moisson de quoi se nourir.

Il y a six choses que le Seigneur hait, et son âme déteste la septième : le péché d'orgueil, la langue menteuse, les mains qui répandent le sang innocent, le cœur qui forme de mauvais desseins, les pieds légers pour courir au mal, le faux témoin qui assure des mensonges, et celui qui sème la discorde entre les frères.

Observez les préceptes de votre père, et n'abandonnez point la loi de votre mère; tenez-les attachés sans cesse à votre cœur; lorsque vous marchez, qu'ils vous accompagnent; lorsque vous dormez, qu'il vous gardent; et aussitôt que vous êtes éveillé, entretenez-vous avec eux.

Un enfant qui est sage est la joie de son père; l'enfant insensé est la tristesse de sa mère.

Les lèvres menteuses sont en abomination au Seigneur; celles, au contraire, qui sont sincères lui sont agréables.

Le trompeur ne jouira pas du gain qu'il cherche; les richesses de l'homme juste sont précieuses comme l'or.

Celui qui garde sa langue garde son âme : mais celui qui n'est pas circonspect dans ses paroles, tombera dans beaucoup de maux.

L'imprudent croit tout ce qu'on lui dit : l'homme prudent considère tous ses pas.

Celui qui est sage craint et se détourne du mal; l'insensé passe outre et se croit en sûreté.

L'impatient fera des actions de folie, et l'homme dissimulé est odieux.

Celui qui méprise son prochain pèche; mais celui qui a compassion du pauvre sera heureux. Celui qui croit au Seigneur aime la miséricorde.

Ceux qui commettent le mal se trompent ; c'est la miséricorde et la vérité qui nous acquièrent les biens.

Où l'on travaille beaucoup, là est l'abondance ; mais où l'on parle beaucoup, l'indigence se trouve souvent.

Celui qui opprime le pauvre fait injure à celui qui l'a créé ; celui, au contraire, qui a compassion du pauvre honore Dieu.

Un peu de pain sec avec de la joie vaut mieux qu'une maison pleine de viande avec des querelles.

Celui qui méprise le pauvre fait injure à celui qui l'a créé ; celui qui se réjouit de la ruine d'autrui ne sera pas impuni.

Celui qui cache les défauts *des autres* gagne l'amitié ; celui qui fait des rapports sépare ceux qui sont unis.

Le malheur ne sortira point de la maison de celui qui rend le mal pour le bien.

Celui qui justifie l'injuste et celui qui condamne le juste sont tous deux abominables devant Dieu.

Que sert à un fou d'avoir beaucoup de bien, puisqu'il n'en peut pas acheter la sagesse ?

Celui qui évite d'apprendre tombera dans le mal.

Un véritable ami aime en tout temps, et le frère se connaît dans l'adversité.

Celui qui a le cœur corrompu ne trouvera

point le bien ; et celui qui est double dans ses paroles tombera dans le mal.

L'enfant insensé est l'indignation de son père et la douleur de la mère qui l'a mis au monde.

Celui qui est modéré dans ses paroles est habile et prudent ; et l'homme habile ménage ses paroles comme une chose précieuse.

Lorsque le méchant est venu au plus profond des péchés, il se moque de tout ; mais il tombe bientôt dans l'ignominie et l'opprobre.

C'est un grand mal d'avoir égard à la qualité d'un méchant homme pour se détourner de la vérité dans le jugement.

Celui qui est mou et lâche dans son ouvrage est semblable à celui qui dissipe et détruit ce qu'il a fait.

Le nom du Seigneur est comme une forte tour ; le juste y a recours, et y trouve un asile.

Celui qui répond avant que d'écouter fait voir qu'il est insensé, et qu'il est digne de confusion.

[FIN DES MAXIMES.

ANECDOTES.

DIEU.

Un riche négociant nommé Danville, que son commerce appelait en Espagne, se vit forcé de laisser en France sa femme et deux petits enfants, l'un à peine âgé de quelques mois, l'autre d'un an et demi.

Sept ans s'étaient écoulés depuis le départ du père, lorsqu'un soir, au moment de faire sa prière, l'aîné des enfants s'écria : Je ne veux pas prier le bon Dieu ; je ne le vois point, il ne me donne jamais rien ; à quoi bon alors le prier et le remercier ? Est-ce que je sais seulement s'il existe ? Mme Danville fut d'autant plus affligée d'entendre son fils parler ainsi, que chaque jour elle s'efforçait de faire entrer dans son cœur l'amour et la reconnaissance que tous les hommes doivent à celui qui les a créés. Elle allait donc lui faire les plus vifs reproches, lorsqu'un messager arriva porteur d'une grande caisse qui, disait-il, venait d'Espagne. Cette caisse, envoyée par M. Danville, renfermait des confitures, beaucoup de sucreries, de belles étoffes, et de l'argent pour subvenir à tous les besoins de sa famille. Il s'y trouvait aussi une lettre que Mme Dan-

ville lut à ses fils, et qui renfermait le passage
suivant : « Dis à mes chers enfants qu'ils soient
» toujours sages et bien dociles. Bientôt je serai
» près d'eux pour ne plus les quitter, et ils peu-
» vent compter sur des cadeaux bien plus pré-
» cieux que ceux que je leur envoie. »

Léon , dit alors Mme Danville à son fils, crois-
tu que ton père existe, toi qui te plains de ne
l'avoir jamais vu ? — Sans doute, ma bonne
mère ; comment pourrais-je en douter? Vous
m'en parlez tous les jours ; et puis voilà toutes
ces bonnes choses qu'il nous envoie, sans parler
de toutes celles qu'il doit nous apporter. —
Tout cela est vrai, mon fils. Mais pourquoi donc
aussi douter de l'existence de Dieu? Tu en en-
tends parler chaque jour. Le soleil , les étoiles,
les fleurs , les fruits , enfin tout ce qui est bon
et beau sur la terre a été donné par Dieu à tous
les hommes. Dans l'Écriture sainte , que tu lis
souvent, il promet à chacun de nous un bonheur
éternel si nous le servons fidèlement. Tu vois
donc bien que tu ne peux pas plus douter de
l'existence de Dieu que de celle de ton père.

Léon reconnut la vérité de ces paroles, et
promit de ne pas oublier de prier le bon Dieu
matin et soir.

LA PLUIE.

Un marchand, qui se rendait à la ville avec
une valise pleine d'or et d'argent pour faire des

emplettes considérables, fut surpris en chemin par une pluie violente qui le perça bientôt jusqu'aux os. Quelle contrariété! s'écria-t-il. Dieu, qui est le maître de la pluie et du beau temps, aurait bien dû attendre que je fusse arrivé à la ville.

Cependant la pluie venait de cesser, et le marchand traversait un bois très-épais, lorsqu'il vit tout-à-coup paraître un voleur qui lui demanda la bourse ou la vie, et qui voulut lui tirer un coup de fusil. Mais la pluie avait mouillé la poudre, et le fusil ne partit pas.

Le marchand parvint à s'échapper. Quand il fut hors d'atteinte, il s'écria les yeux et les mains élevés vers le ciel : Mon Dieu! pardonnez-moi d'avoir murmuré contre vous. Sans la pluie qu'il vous a plu d'envoyer, la poudre de ce voleur se fût enflammée, et j'aurais été tué et volé. Tout ce que vous faites a un but utile, et désormais je me soumettrai sans murmure à toutes vos volontés.

LES POMMES.

Tous les vices sont frères; la gourmandise conduit au vol. En voici un exemple :

En se promenant un jour dans la campagne, Jules aperçut, dans un jardin entouré seulement d'une haie, de belles pommes qui lui firent envie. Trop gourmand pour résister à la tentation qu'il éprouvait, et découvrant un petit trou à la haie qui servait de clôture, il parvint à l'agrandir et à pénétrer dans le jardin, non sans égratignures aux mains et au visage. Après avoir mangé les plus belles pommes, il en remplit encore ses poches et voulut se retirer. Par malheur, le maître du jardin l'aperçut et se mit à sa poursuite. Jules se hâta d'engager dans le trou de la haie sa tête et ses épaules; mais l'espace était étroit, et les poches gonflées par les pommes empêchèrent notre petit gourmand de passer, et le retinrent comme dans un piége. Le maître du jardin s'en saisit, lui reprit ses pommes, et le fustigea en disant : C'est la chose même que tu as volée qui fait que tu es puni pour ton vol. Que cet exemple te serve de leçon.

LA DÉSOBÉISSANCE.

Pierre, qui aimait beaucoup les oiseaux, vit un jour chez son oncle un joli petit chardonneret, et dit à son père qu'il désirerait bien en avoir un semblable. Je ferai plus, lui dit son père; je te promets un joli serin si tu es bien obéissant pendant quinze jours. Pierre accepta de grand cœur la condition; et pendant huit jours, au moyen des efforts qu'il faisait pour se corriger, il n'eut pas occasion de perdre la récompense qui lui était promise. Enfin, le neuvième jour, son père entra dans sa chambre, une boîte à la main, et lui dit : Mon fils, je suis content de toi; pour récompenser tes efforts et t'encourager à continuer, je te donne ce qui est dans cette boîte. Je n'y mets qu'une condition, c'est que tu n'ouvres pas la boîte. Je vais chez ton oncle, qui m'a fait demander, et je reviens dans dix minutes. Surtout prends garde à oublier la condition. Pierre promit de s'y conformer; mais après le départ de son père, il courut à la boîte, l'examina, chercha à deviner ce qui pouvait y être renfermé; et comme il vint à réfléchir que son père était absent, qu'il était seul dans la chambre, et que personne ne connaîtrait sa désobéissance, et que d'ailleurs la boîte n'était fermée qu'avec un crochet, il l'ouvrit. Il s'en échappa alors un joli serin qui se mit à voltiger par toute la chambre. Pierre essaya de le reprendre; mais au même moment son père entra et lui dit : Cette épreuve était la dernière; si tu n'avais pas succombé, le serin eût été ta récompense. Ta désobéissance paralyse tous les efforts que tu as faits depuis huit jours. C'est la curiosité qui t'a entraîné à désobéir; tu dois voir par là que tous les défauts sont frères, et qu'un seul en entraîne bien d'autres à sa suite.

LE PAIN.

En 1810, la récolte manqua totalement; par suite, une grande disette se fit sentir. Un homme riche et bienfaisant, voulant suivre le précepte de l'Évangile, qui ordonne à chacun de secourir ses frères malheureux, rassembla chez lui

trente pauvres pères de famille, et leur montrant une grande corbeille, il leur dit : Cette
corbeille renferme trente pains : que chacun de
vous en prenne un dès aujourd'hui ; je veillerai à
ce qu'il vous en soit fourni autant chaque jour.
Ayez donc soin de vous trouver ici, à la même
heure, demain et les jours suivants.

Chaque père de famille se jeta alors sur la
corbeille, se disputant à qui s'emparerait du pain
le plus gros ; et quand leur choix fut fait, ils
sortirent, sans même daigner adresser des remer-
cîments à l'homme généreux qui les nourrissait.
Un seul resta dans la salle : c'était un pauvre
laboureur nommé Lucas, qui, n'ayant pour
tout bien qu'un champ qu'il cultivait lui-même,
s'était vu dans le plus affreux dénûment, par
suite de la mauvaise récolte.

Il s'était tenu à l'écart pendant que les autres
se précipitaient vers la corbeille ; il s'en approcha
alors, prit le pain que les autres avaient dé-
daigné ; puis, après avoir sincèrement remercié
son bienfaiteur, il alla partager son pain avec sa
femme et ses enfants.

Même chose arriva le lendemain. Mais Lucas
fut bien surpris lorsqu'arrivé chez lui, et ayant
voulu couper le pain qu'il venait de recevoir, il
en vit tomber un grand nombre de pièces d'argent. Persuadé que cet argent ne pouvait se
trouver dans le pain que par une méprise, il le
reporta à son bienfaiteur, qui lui dit : Gardez
cette somme, mon ami ; je l'ai fait mettre moi-

même dans le plus petit pain, afin que votre gratitude et votre modération fussent récompensées comme elles le méritent.

LES CHENILLES.

Thomas venait d'atteindre sa quatorzième année, et, quoique fort et bien constitué, il n'avait point encore voulu travailler. Son père, honnête et bon jardinier, désirant lui apprendre son état et l'habituer au travail, lui confia un carré de jardin à cultiver, en lui promettant que tous les fruits et les légumes qu'il en retirerait seraient pour lui. Thomas se mit au travail avec ardeur, et, grâce aux conseils de son père, les arbres et les légumes présentèrent bientôt l'apparence de la plus belle récolte. A l'approche du printemps, le père, en parcourant son jardin, dit à son fils : Je suis content de toi; tu as travaillé avec courage, et ta récompense sera proportionnée aux peines que tu t'es données. Mais un danger te menace : je vois beaucoup de chenilles sur tes arbres; si tu les laisses éclore, tout espoir de récolte est perdu. Thomas promit d'enlever les insectes dès le jour même. Mais on vint le chercher pour aller à la noce d'un de ses parents, il remit le travail au lendemain; le lendemain, la fatigue de la veille le retint au lit; pendant plusieurs jours, il trouva divers prétextes pour différer l'échenillage de ses arbres, en sorte que, lorsqu'il vou-

lut s'en occuper, il vit avec douleur que les insectes avaient quitté leur nid, qu'ils s'étaient
répandu sur toutes les branches, et qu'il fallait
renoncer à tout espoir de récolte. Son père vint
alors à lui, et lui dit : Mon fils, ta négligence a
causé ce malheur ; ne remets donc jamais au
lendemain ce que tu peux exécuter le jour même.
Il en est de nos défauts comme de ces insectes :
si on ne les détruit pas de suite, ils grandissent,
dépouillent notre âme de toutes ses bonnes qualités, et nous privent ainsi de la moisson de
grâces que Dieu nous réservait.

LES DEUX ENFANTS.

Un pauvre pêcheur nommé Simon s'était
construit une petite cabane au bord d'une rivière large et profonde, et qui, pendant l'hiver,
était extrêmement rapide. Près de là s'élevait
aussi un beau château, appartenant à M. de
Ransval, riche propriétaire, allié aux familles
les plus distinguées de France. M. de Ransval
avait deux enfants dont l'aîné s'appelait Emile,
et le plus jeune Alfred. Emile n'était pas méchant ; mais l'habitude de faire toutes ses volontés, la facilité qu'il trouvait à contenter toutes ses fantaisies, lui avaient fait contracter la
mauvaise habitude de tourmenter tous ceux qui
l'approchaient. Jacques le pêcheur était surtout en butte à ses plaisanteries et à ses espiègleries. Tantôt Emile se plaisait à jeter d s

10*

pierres dans la rivière, pendant que Simon se livrait à la pêche; tantôt il changeait ses filets de place; une autre fois il enleva les poissons que le pêcheur conservait dans un petit vivier, et y substitua des goujons frits qu'il avait pris chez son père.

Alfred, au contraire, était d'un caractère très-doux, et se plaisait à rendre à Simon tous les services qui étaient en son pouvoir. Souvent il lui apportait pour sa petite fille des pâtisseries dont il se privait; et comme une entorse que le pêcheur avait attrapée le retenait dans sa cabane et le mettait dans l'impossibilité de subvenir aux besoins de sa famille, Alfred lui donna tout l'argent que son père lui accordait pour ses menus plaisirs.

Un jour les deux frères, qui aimaient beaucoup à se promener sur l'eau, montèrent dans une petite nacelle, et se laissèrent aller au courant de la rivière, qui, gonflée alors par les pluies fréquentes qui tombaient depuis quelques jours, les entraîna rapidement, et vint briser la nacelle au pied du rocher sur lequel était construite la cabane de Simon. Les deux enfants poussèrent alors des cris de détresse. Quitter ses vêtements, se jeter à la nage, fut pour le pêcheur l'affaire d'un moment. Songeant d'abord à celui qui s'était montré généreux à son égard, il se dirigea vers Alfred qui, sachant un peu nager, se soutenait encore sur l'eau, tandis qu'Émile venait de disparaître.

Alfred fut sauvé ; Emile était déjà mort lorsqu'il fut retiré de l'eau.

Si la conduite des deux frères eût été la même à son égard, Simon eût sans doute couru à celui qui était le plus en danger ; mais un sentiment de préférence bien naturel le porta à prêter son assistance à celui dont il n'avait qu'à se louer, et Emile fut bien puni des espiègleries qu'il avait fait endurer à un pauvre pêcheur que son âge aurait dû faire respecter.

LE MENSONGE PUNI.

Louis était le fils d'un honnête marchand. Sa douceur, sa bonne conduite, le faisaient aimer de tous ceux qui le connaissaient. Son père, qui était resté veuf, et que les affaires de son commerce forçaient assez souvent de faire des absences de plusieurs semaines, lui avait confié la direction de sa maison. Louis s'acquittait fort bien de cette charge ; il travaillait avec activité, et il tenait les livres de son père avec une régularité parfaite. Mais il avait un défaut : il aimait beaucoup trop la parure, et toutes ses épargnes ne suffisaient pas à l'achat d'un grand nombre d'objets de fantaisie dont il aimait à se parer aux jours de fête. Depuis longtemps, il désirait une montre en or qu'un jeune homme de ses amis cherchait à vendre, et dont il voulait avoir quatre-vingts francs. Il suppliait son père de lui donner l'argent nécessaire pour acheter cette montre qui, disait-il, ne devait lui coûter que quarante francs. Le père y consentit, quoiqu'à regret : qu'eût-il dit, s'il en eût connu le véritable prix ? Louis avait quelques économies ; il parvint donc à compléter les quatre-vingts francs, courut chez son ami, et lui acheta sa montre.

Le jour même, pendant qu'il était occupé dans sa chambre à faire un compte que son père lui avait demandé, un marchand colporteur vint chez lui pour faire des emplettes. Il aperçut la montre suspendue à la cheminée, et demanda si elle était à vendre. — Non, répondit le père; elle est à mon fils qui vient de l'acheter quarante francs. — C'est bien cher ; en tout autre moment, j'aurais pu lui en donner une à meilleur marché : cependant, comme j'en ai promis une semblable à une de mes bonnes pratiques que je tiens à ne pas faire attendre trop longtemps, si vous voulez me la céder, je vous donnerai dix francs de bénéfice. Le père de Louis accepta cette offre avec empressement, persuadé que son fils serait charmé du marché avantageux qu'il venait de faire.

Celui ci rentra bientôt, et son père lui ayant appris la vente de sa montre : Ah ! mon Dieu, s'écria-t-il, vous me faites perdre trente francs. Il eut bientôt lieu de se repentir de ces paroles; car son père en exigea l'explication, et Louis fut obligé d'avouer son mensonge. Tu es déjà puni, lui dit le père ; cependant j'ajouterai encore à ce châtiment. Je garderai l'argent du colporteur, et tu te passeras de montre.

LA PIÈCE DE CINQ FRANCS.

Tu ne pourrais donc pas te dispenser de jurer à tout propos? disait à un de ses domestiques un riche fermier nommé Philippe. — Vraiment, répondait celui-ci, je le désirerais autant que vous; mais l'habitude est plus forte que moi, et malgré tous mes efforts, il m'est impossible de la vaincre. Il disait vrai; malgré les exhortations et les réprimandes de son maître, qui plusieurs fois l'avait menacé de le renvoyer, il n'avait pu parvenir à se défaire de cette coupable habitude.

Un matin, Philippe dit à son domestique : Je suis las de t'entendre tous les jours proférer les plus grossières injures contre tous ceux qui t'environnent. Si aujourd'hui tu prononces un jurement, je te chasse sans pitié; si, au contraire, tu as assez d'empire sur toi-même pour éviter de te livrer à tes emportements habituels, je te donnerai cette pièce de cinq francs. Le domestique, qui avait une véritable amitié pour son maître, et qui, de plus, était stimulé par la récompense promise, fit de véritables efforts, et la journée se passa sans qu'on l'eût entendu se livrer à ses jurements habituels. En vain ses compagnons cherchèrent-ils, par leurs plaisanteries, à le mettre hors de garde; il sut répondre à leurs attaques sans colère et sans jurements. Le soir, Philippe lui donna la pièce de cinq francs, et lui dit : Combien tu devrais rougir d'avoir fait pour une misérable pièce d'argent ce que la crainte de Dieu n'avait pu obtenir de toi ! Tu as, dis-tu, de l'affection pour moi, parce que je te fais gagner ta vie. Mais cette existence, n'est-ce pas Dieu qui te l'a donnée ; et, au lieu de prendre à chaque instant son saint nom en vain, ne devrais-tu pas chercher à le glorifier et à exécuter ses commandements ? Le domestique sentit toute la justesse de ce reproche; et comme, avec une volonté bien ferme, on vient à bout de tout, il parvint à se corriger.

LA MENDIANTE.

Un riche seigneur, en mourant, laissa toute sa fortune à une de ses parentes, à condition qu'elle ferait une rente de quatre cents francs à la famille la plus charitable du village où étaient situées ses propriétés; et bientôt la nouvelle châtelaine fit annoncer qu'elle allait prendre possession de son héritage.

Deux jours avant celui qu'elle avait fixé, on vit dans le village une pauvre femme étrangère, allant de porte en porte demander un morceau de pain. Presque partout on lui répondait avec dureté que le pain était cher, que la récolte avait manqué, et qu'avant de songer à des étrangers, il fallait songer à soi-même. Quelques-uns lui donnèrent quelques fruits à demi gâtés, d'autres des croûtes de pain moisi, mais en la traitant de fainéante, et en menaçant de la faire chasser du village ; enfin un petit garçon, qui rongeait un os, le lui jeta à la tête, en lui disant qu'elle pouvait en faire ce qu'elle voudrait. La pauvre femme, toute grelottante de froid, alla frapper à une cabane habitée par un paysan, sa femme et sa petite fille âgée seulement de six ans. Celui-ci la fit entrer, lui présenta un escabeau auprès de la cheminée, lui donna un morceau de pain et un verre de vin, et la jeune fille vint lui offrir un petit gâteau que sa mère lui avait apporté de la ville. La mendiante, émue jusqu'aux larmes, les quitta en les bénissant, et en priant Dieu de récompenser leur charité.

Deux jours après, la maîtresse du château fit son entrée dans le village, et invita à dîner tous les habitants, qui s'étaient réunis sur la place pour la recevoir. On les fit donc entrer dans la cour du château où deux tables avaient été placées : l'une, très-petite, était couverte des mets les plus succulents ; sur l'autre, qui était très-grande, on avait mis beaucoup d'assiettes couvertes, et on fit placer à cette dernière tous les habitants du village, excepté la famille qui avait reçu la mendiante.

Quand tout le monde fut placé, la dame prit la parole en ces termes : Je ne vous remercie point de la réception que vous venez de me faire, car ce n'est pas à moi qu'elle s'adresse, mais à ma fortune. M. de Chablais, dont je suis l'héritière, m'a imposé la condition de servir une rente de quatre cents francs à la famille la plus charitable du village. C'est moi qui, pour vous éprouver, me suis présentée avant-hier à vos portes sous les haillons de la misère. Vous devez savoir comment vous m'avez traitée. Je n'ai trouvé de vraiment charitable les pauvres gens que voilà : aussi jouiront-ils de la rente jusqu'à la mort du dernier d'entre eux. Quant à vous, vous allez voir la récompense que je vous destine.

Les habitants, confus de ces paroles, le furent encore bien davantage lorsqu'ils eurent découvert leurs assiettes : ceux qui avaient refusé de secourir la mendiante supposée, les trouvèrent totalement vides ; les autres y virent l'objet même qu'ils avaient donné : celui-ci une croûte de pain, celui-là une poire à moitié pourrie. Il n'y eut pas jusqu'au petit garçon qui vit sur son assiette l'os qu'il avait jeté à la tête de la mendiante. La dame, après avoir joui pendant quelques instants de leur confusion, ajouta : Vous pouvez maintenant vous retirer ; mais n'oubliez pas que, dans l'autre vie, vous serez récompensés selon vos actions. Puis elle fit asseoir à la petite table la famille qui lui avait fait l'aumône, et partagea avec elle le dîner qu'elle avait fait préparer.

FIN.

LIBRAIRIE DE FRADET, RUE DE LA MAIRIE.

LIVRES ÉLÉMENTAIRES

ADOPTÉS SPÉCIALEMENT POUR LE DÉPARTEMENT
DE LA VIENNE.

MÉTHODE DE PEIGNÉ, 60 c.

SIMON DE NANTUA, 1 fr. 50 c.

PREMIER LIVRE DE LECTURE des écoles primaires, contenant un abrégé de l'Histoire sacrée, un Précis de la vie de J.-C.; et suivi de la Civilité, de Maximes, et d'un choix d'Anecdotes propres à former l'esprit et le cœur, 50 c.

CHANOINE SCHMIDT (Henri d'Eschenfelds), 50 c.

MANUSCRITS, ou Choix progressif de plus de 60 sortes d'écritures, 1 fr.

PSAUTIER, 60 c.

CATÉCHISME DU DIOCÈSE, 40 c.

CATÉCHISME HISTORIQUE DE FLEURY.

LHOMOND CORRIGÉ PAR PEIGNÉ, 60 c.

NOEL ET CHAPSAL, petite Grammaire, 60 c.

    Id.   id.   grande Grammaire, 1 fr. 50 c.

VERNIER (petite Arithmétique), 60 c.

SYSTÈME MÉTRIQUE DE LAMOTTE, 30 c.

HISTOIRE DE FRANCE DE MADAME ST-OUEN, 75 c.

HISTOIRE SAINTE D'ANSART, 75 c.

ABRÉGÉ D'ANSART, 75 c.

ATLAS DU MÊME, 2 fr.

REGISTRE D'ORDRE ET D'INSCRIPTION, 1 fr. 25 c.

REGISTRE DE COMPTABILITÉ, 60 c.

SOUS PRESSE :

MODÈLES D'ÉCRITURE SELON LA MÉTHODE TAUPIER.

On trouvera à la même librairie tout le matériel des Écoles primaires.

Poitiers. — Imp. de F.-A. SAURIN.

www.ingramcontent.com/pod-product-compliance
Lightning Source LLC
Chambersburg PA
CBHW072045080426
42733CB00010B/1997